Entraîner la culture générale

Comment améliorer votre culture générale, votre intelligence et votre confiance en vous.

Martin Grapengeter

CONTENU

Préface

Vous est-il déjà arrivé de ne plus pouvoir participer à une conversation intéressante ? Avez-vous eu l'impression que tout le monde autour de vous participait à un débat passionnant dont vous ne compreniez que la moitié ? Ce n'est pas un sentiment agréable et cela peut conduire à des situations embarrassantes où vous avez l'air d'être mal informé et de ne rien savoir. Si vous ne savez presque rien des choses du monde, vous serez vite largué dans les conversations et aurez du mal à vous faire une opinion sur des sujets socialement importants. Dans un monde qui va vite et qui est de plus en plus agité, il est souvent difficile de distinguer les connaissances importantes de celles qui ne le sont pas et de trouver les mots justes. Pourtant, il n'est pas si difficile d'acquérir des connaissances générales importantes en très peu de temps !

C'est précisément ce que je veux vous aider à faire avec ce livre. Vous n'avez pas le temps de vous plonger dans d'énormes encyclopédies ou de passer des heures à faire des recherches sur Internet ? Vous n'êtes souvent pas sûr que vos sources reflètent vraiment les faits et comment vous pouvez même appliquer vos connaissances ? Alors la lecture de ce guide compact de culture générale est faite pour vous ! Au lieu d'explications compliquées et de pages de chiffres et de données, vous trouverez des sections faciles à comprendre et informatives sur des sujets pertinents dans un grand nombre de domaines.

Comme vous l'avez probablement deviné en lisant la table des matières, je vous présente de manière compacte et structurée des connaissances générales allant du début de l'histoire de l'humanité jusqu'à nos jours. Des progrès historiques aux avancées scientifiques, des connaissances linguistiques à la politique et à la culture, vous découvrirez les aspects essentiels de sujets très variés, de sorte qu'à la fin de cette lecture, vous aurez enrichi vos connaissances de manière efficace.

Mais avant d'aborder le contenu des connaissances, je vous explique les différentes méthodes d'apprentissage et leur efficacité pour que vous puissiez retenir les connaissances enrichies à long terme. Ensuite, vous pouvez tester vos connaissances générales à l'aide d'un test pour savoir ce que vous savez déjà et dans quels domaines vous avez encore des lacunes importantes. Ensuite, vous pouvez commencer à étudier ! En plus des articles informatifs, vous trouverez des ressources supplémentaires qui vous permettront d'approfondir les sujets qui vous intéressent.

Je vous souhaite une bonne lecture et un bon apprentissage !

Pourquoi la culture générale ?

Savoir, c'est pouvoir - ce dicton bien connu est bien plus qu'une simple formule philosophique. Une bonne culture générale apporte des avantages dans pratiquement tous les domaines de la vie et est souvent le ticket d'entrée pour des discussions passionnantes et des possibilités insoupçonnées. À une époque où l'on peut tout googler en quelques secondes, on n'a plus besoin de connaissances générales ? C'est faux ! Les experts sont convaincus qu'une bonne culture générale est plus importante que jamais. Internet nous a rendus plus confortables à bien des égards. Nous avons la possibilité d'acquérir de nouvelles connaissances à tout moment et en tout lieu, mais nous ne profitons malheureusement que rarement de cette opportunité. Nous retenons mieux les connaissances générales que nous avons apprises activement et nous les utilisons plus facilement dans la vie quotidienne.

En matière de carrière, la culture générale est un double avantage. D'une part, de nombreux tests d'embauche ou de recrutement comportent des questionnaires de culture générale. Une certaine connaissance de base de l'histoire, de la géographie, de l'étiquette, etc. est essentielle dans de nombreux métiers. D'autre part, vos connaissances vous aideront à avoir de meilleures conversations, plus productives, avec vos collègues et vos supérieurs. Si vous êtes convaincant lors d'une petite conversation avec votre patron, par exemple en parlant de l'actualité politique ou des nouvelles innovations technologiques, votre interlocuteur remarquera que vous êtes bien informé sur ce qui se passe dans le monde. Tu rayonnes automatiquement d'un large intérêt, de compétences et de confiance. Cela convaincra peut-être votre supérieur que vous pourriez être un bon chef de projet pour un nouveau projet ou que vous pourriez jouer un autre rôle important.

Vous pouvez également faire valoir vos connaissances générales lors d'événements privés ou de conversations quotidiennes. Bien sûr, vous ne devez pas faire le malin et ennuyer les autres avec des faits inutiles. Cependant, une information intéressante peut toujours être un bon moyen d'entamer une conversation et/ou de faire réfléchir les gens autour de vous. Non seulement les personnes que vous connaissez s'intéressent à vous et vous voient comme une source d'inspiration, mais vous nouez aussi plus rapidement de nouveaux contacts.

L'une des principales motivations d'une bonne culture générale est l'augmentation de la confiance en soi. Si vous comprenez le contexte derrière les nouvelles informations et les faits, il vous sera beaucoup plus facile de replacer les événements dans leur contexte et de prendre de meilleures décisions. Vous ne vous laissez pas influencer par les déclarations controversées et les opinions, mais vous connaissez les faits et vous êtes en mesure de vous faire une opinion logique. Si quelqu'un vous demande votre point de vue, vous pouvez alors répondre avec confiance et en connaissance de cause.

Avec une bonne culture générale, il est également moins difficile d'admettre que l'on ne sait pas quelque chose. Personne ne sait vraiment tout, et ce n'est pas grave. Si vous êtes confronté à un sujet que vous ne connaissez pas encore très bien, vous pouvez simplement dire : "Je ne suis pas encore suffisamment informé sur ce sujet pour me faire une opinion définitive".

Dans cette situation, vous n'avez aucune raison d'avoir honte, car vous savez que vous disposez d'une grande quantité de connaissances et donc de la meilleure base pour faire connaître petit à petit ce que vous ne connaissez pas. Votre entourage vous admirera pour votre honnêteté et comprendra que vous ne vous contentez pas de sortir une opinion qui vous convient.

Un autre aspect intéressant de la connaissance : Une fois qu'elle s'est enrichie, elle ne cesse généralement de se multiplier. Les connaissances que vous acquérez sur de nombreux sujets différents conduisent à leur tour à de nouvelles connaissances et à de nouveaux apprentissages. L'apprentissage vous permet donc d'élargir vos horizons, de découvrir de nouvelles perspectives, de reconsidérer vos anciennes opinions, de parvenir plus rapidement à vos propres convictions et d'évoluer en permanence.

L'augmentation des connaissances a d'autres effets secondaires pratiques. Au fil du temps, vous apprenez à mieux mémoriser les faits et les chiffres. Vous êtes plus à même de comprendre et de classer des sujets et des textes compliqués et complexes, vous êtes plus persévérant et plus créatif dans la résolution de problèmes. Vous apprenez à faire le tri entre ce qui est important et ce qui ne l'est pas et vous exploitez pleinement les capacités de votre cerveau. Que des avantages !

Connaissance générale = culture générale ?

Tout d'abord, nous devrions clarifier la différence entre la connaissance générale et la culture générale. En effet, ces termes ne peuvent pas être utilisés comme synonymes l'un de l'autre. La culture générale en elle-même est un processus complexe qui dépend de plusieurs facteurs. La formation permet d'appliquer les connaissances de manière judicieuse, de développer soi-même de nouvelles pensées et de sélectionner les informations de manière judicieuse. Elle fait donc partie de nous-mêmes, ne peut pour ainsi dire pas nous être retirée et détermine également notre personnalité dans une certaine mesure. Elle se développe dès l'enfance et conditionne nos capacités cognitives et notre imagination.

La culture générale, quant à elle, désigne simplement les connaissances en tant que telles, c'est-à-dire les faits, les chiffres et les dates. Il s'agit de la pierre angulaire sur laquelle repose notre culture générale. En effet, sans connaissances générales, c'est-à-dire ce qu'il faut absolument savoir sur le monde, nous ne pouvons pas nous instruire ou utiliser des connaissances dans la vie réelle. Les connaissances générales peuvent être évaluées et ne dépendent pas de nous en tant que personne, contrairement à la culture générale qui varie d'une personne à l'autre. Il est difficile de suivre avec précision la manière dont une personne apprend, dans quoi elle se spécialise, comment elle développe de nouvelles idées, comment elle intègre les aspects éthiques et moraux dans son bagage de connaissances, et cela est propre à chaque individu. En revanche, les connaissances générales sont immuables et varient d'un individu à l'autre, certains en ayant plus, d'autres moins.

La culture générale est donc plutôt un savoir factuel que tout le monde peut en principe acquérir. Bien sûr, le livre que vous êtes en train de lire vous permettra de le faire de manière complète et rapide ! En dehors de cela, il existe d'autres moyens d'intégrer la culture générale dans votre vie quotidienne et d'apprendre constamment de nouvelles choses.

Les portails d'information sont particulièrement importants car ils vous permettent de rester au courant de l'actualité mondiale. Si vous vous intéressez à un sujet particulier, les magazines spécialisés, les reportages et les documentaires qui présentent ce sujet de manière complète et divertissante sont parfaits. Les quiz télévisés ou les portails de connaissances sur Internet sont également divertissants et vous donneront envie de vous y plonger pendant des heures. Les applications de quiz sont également très pratiques, vous pouvez les utiliser partout pour apprendre en déplacement. Il y a aussi les livres classiques sur des sujets spécifiques ou les encyclopédies en ligne qui résument bien les faits importants.

Vous voyez donc que vous pouvez constamment améliorer votre culture générale, et donc votre culture générale, de nombreuses façons ! Ce livre est en tout cas un bon début.

Amélioration des connaissances - rapide & efficace

Vous connaissez donc maintenant la différence entre culture générale et connaissances générales. Mais comment pouvez-vous apprendre efficacement afin de retenir tous les faits et circonstances importants à long terme ? Il existe plusieurs types d'apprentissage. Vous avez peut-être déjà remarqué qu'écrire des résumés ne vous aide pas du tout, mais que vous pouvez mémoriser des choses en lisant trois fois une page de livre à haute voix - ou vice versa ! Il vous faudra peut-être un peu de temps pour trouver la méthode qui vous convient le mieux.

Dans ce chapitre, je vous présente une série de techniques d'apprentissage dont il est scientifiquement prouvé qu'elles permettent d'acquérir des connaissances rapidement et efficacement. Malheureusement, on nous apprend souvent que nous devons absolument apprendre dans notre vie, mais pas comment apprendre correctement. Si vous utilisez régulièrement certaines de ces techniques et que vous les intégrez à votre "routine d'apprentissage", vous constaterez rapidement que les connaissances accumulées se consolident réellement en vous et que vous pouvez y faire appel facilement à plusieurs reprises. Bien que les techniques d'apprentissage ne soient pas miraculeuses, elles peuvent être utilisées à tout âge et améliorent les capacités cognitives.

TECHNIQUES D'APPRENTISSAGE

Lire

La lecture est généralement la première et la plus importante étape dans l'acquisition de nouvelles connaissances. Essayez de comprendre comment vous pouvez assimiler les principaux messages d'un texte. Il est préférable de commencer par survoler le texte pour se faire une idée de ce dont il s'agit exactement. Lors de la deuxième lecture, vous serez plus concentré et plus attentif. Vous marquez les passages importants, tels que les faits, les chiffres ou les principes mis en évidence, et vous identifiez les passages qui ne contiennent pas de messages essentiels pour vous. Vous pouvez ensuite résumer le texte avec vos propres mots ou au moins noter les points importants.

Lire attentivement est généralement important, qu'il s'agisse de magazines, de livres ou d'articles de blog. Lire beaucoup permet d'enrichir son vocabulaire, de devenir plus éloquent, plus sûr de sa grammaire, plus empathique et plus persévérant. Pouvoir se concentrer sur un texte pendant longtemps sans s'égarer est une compétence incroyablement précieuse qui peut être activement entraînée.

Comprendre

Bien sûr, toute cette lecture ne sert à rien si vous ne comprenez rien à ce que vous avez sous les yeux. Lorsque vous étudiez, posez-vous toujours la question : "Est-ce que je comprends vraiment ? Soyez clair sur certains points dont vous ne saisissez pas encore le contexte et cherchez activement des réponses. Ce n'est qu'en comprenant correctement quelque chose que vous pourrez le mémoriser et l'utiliser. Cherchez les mots étrangers que vous ne connaissez pas, faites des recherches sur les termes dont vous n'êtes pas sûr de la signification. Dans le meilleur des cas, consultez plusieurs sources, non seulement pour vous assurer de la légitimité de l'explication, mais aussi pour mieux comprendre le sujet grâce à différentes approches. Une fois que vous avez compris quelque chose de difficile, il est préférable de le noter quelque part afin de pouvoir y revenir plus tard.

Visualiser

La représentation visuelle du matériel d'apprentissage fait appel à plusieurs zones du cerveau et augmente considérablement la probabilité que vous reteniez les connaissances à long terme. L'une des méthodes de visualisation est le mind mapping. Dans cette méthode, vous écrivez le sujet traité sur une feuille blanche et vous l'entourez. Ensuite, vous écrivez plusieurs sous-thèmes autour du sujet principal, qui agissent alors comme des branches plus grandes à partir desquelles vous pouvez ajouter d'autres niveaux de structure. De cette manière, vous pouvez aller de plus en plus en profondeur et visualiser le réseau de thèmes. Cette technique fonctionne également très bien pour le brainstorming. Si vous souhaitez conserver une trace de ce que vous savez déjà sur un sujet avant de commencer vos recherches, vous pouvez écrire vos pensées et vos idées dans une carte mentale, puis ajouter des informations au fur et à mesure. Accrochez une carte mentale importante à un endroit bien visible afin de la voir et de la mémoriser.

Discuter

Discuter d'un sujet aide également à mémoriser les connaissances. Vous pouvez restituer ce que vous avez appris avec vos propres mots et l'expliquer ou demander à quelqu'un de le faire pour vous. Vous abordez ainsi activement et vocalement les connaissances, approfondissez certains aspects ou replacez les faits dans des contextes plus larges. Si, en plus, différents avis sont échangés et que d'autres informations sont apportées à la discussion, vous retenez les points importants et apprenez. Les discussions longues et intenses aident à associer les connaissances aux souvenirs de la conversation et à stocker les informations dans la mémoire à long terme. Mais même un bref échange avec quelqu'un d'autre a déjà un aspect positif sur l'apprentissage.

Répéter

La répétition est un élément de base particulièrement important de l'apprentissage. Lorsque les connaissances sont rappelées et activées à plusieurs reprises, elles se consolident continuellement dans notre esprit. En effet, la répétition renforce les connexions des réseaux neuronaux dans le cerveau, où les informations sont stockées. Il est toutefois important de ne pas se contenter de lire et de relire un texte. Vous devez avant tout répéter attentivement ce que vous savez et être pleinement impliqué. Il est préférable de répéter les informations à voix haute, car les gens prêtent automatiquement plus d'attention à leur propre voix. Vous pouvez également créer des fiches pour les informations et les relire.

Les scientifiques ont découvert que l'apprentissage par étapes est la meilleure forme de répétition. L'"effet d'espacement" décrit le fait que l'apprentissage réparti sur une période plus longue donne de meilleurs résultats que l'apprentissage en masse à court terme. Ainsi, au lieu d'apprendre une heure à la fois, vous devriez intégrer des épisodes d'apprentissage de 15 minutes par jour dans votre vie quotidienne. Une fois que vous avez appris quelque chose, laissez-le "reposer" et répétez-le régulièrement afin de faire baisser la courbe d'oubli. Cela permet de conserver les connaissances dans la mémoire à long terme.

Changement de lieu

La méthode des loci vous permet d'utiliser votre environnement pour mieux mémoriser les choses. Lors d'une promenade d'étude, où vous êtes de toute façon plus actif grâce au mouvement constant et à l'air frais, vous pouvez associer certains lieux à des informations. Vous ancrez mentalement des faits à des bancs de parc ou à des feux de signalisation, par exemple, devant lesquels vous passez souvent, dans le meilleur des cas, et vous vous en souvenez automatiquement. En général, le changement de lieu est important pour l'apprentissage. Si vous passez des heures assis sur le canapé ou à votre bureau, à assimiler ou à répéter des connaissances, votre concentration finira par diminuer. Il est alors temps de changer de lieu d'apprentissage. Par exemple, si vous étudiez dans un café ou dans un parc, vous associez les informations à cette expérience et vous consolidez vos connaissances.

Méthode Cornell

Développée dès les années 1940, la méthode Cornell est un système de prise de notes qui aide à prendre rapidement des notes efficaces. Ainsi, si vous regardez un documentaire, lisez un article ou souhaitez prendre des notes à une autre occasion, cette méthode est pratique. En haut de votre feuille, vous mettez le nom du sujet. En dessous, sur la gauche, vous faites une colonne jusqu'en bas, destinée aux questions. Au fur et à mesure que vous apprenez, vous y notez les questions qui restent en suspens ou les termes que vous souhaitez vérifier. Le côté droit, plus grand, est réservé aux notes. Ici, la règle est : "Keep it short and simple ! N'écrivez pas de longues phrases, mais seulement des points clés. Tout en bas de la page, il y a une ligne pour un résumé des informations que vous avez notées sur la page. Cette répartition claire vous permet d'avoir une bonne vue d'ensemble de ce que vous avez appris et de vous y référer facilement par la suite.

Moyens mnémotechniques

Le classique parmi les techniques mnémotechniques est le moyen mnémotechnique. Vous connaissez certainement des expressions telles que "Ne jamais se laver sans savon" (lettres initiales pour la succession des points cardinaux) ou "Mon père m'explique chaque dimanche notre ciel nocturne" (succession des planètes du système solaire de Mercure à Neptune). Les phrases faciles à mémoriser qui commencent par les mêmes lettres que les termes à retenir entrent rapidement en mémoire et se consolident étonnamment bien. Les rimes telles que "Celui qui écrit 'nämlich' avec un h est stupide" sont tout aussi efficaces. Les moyens mnémotechniques les plus efficaces sont bien sûr ceux que vous créez vous-même. Le mieux est d'imaginer une histoire, même farfelue, et de l'associer mentalement aux informations. En stimulant la créativité, les zones du cerveau sont particulièrement activées et vous retenez encore mieux ce que vous avez appris.

MÉMORISER DES CHIFFRES ET DES DATES

De nombreuses personnes éprouvent des difficultés à mémoriser des chiffres et des dates. Comme il s'agit de signes abstraits, nous avons plus de mal à établir des liens émotionnels qu'avec des mots, et aucune image claire ne se forme dans notre esprit. C'est pourquoi la meilleure façon de mémoriser les chiffres est de les associer à des images.

Pour mémoriser des chiffres et des dates, le système Nombre-Forme est idéal. Il s'agit d'associer une image ou un symbole à chaque chiffre de 0 à 9. Il est préférable de choisir des objets qui rappellent la forme de chaque chiffre et qui sont faciles à associer. Par exemple, un œuf pour le chiffre 0, une hache pour le 1, un cygne pour le 2, un tricycle pour le 3, un trèfle à quatre feuilles pour le 5, une main pour le 6, un dé pour le 7, un sifflet pour le 8, un sablier pour le 8 et un cône pour le 9. Dans le meilleur des cas, vous pouvez trouver des symboles pour ces nombres. Et comment mémoriser une combinaison de chiffres ? Vous associez les images à une histoire, un peu comme le principe des moyens mnémotechniques. Par exemple, si vous devez vous souvenir de la combinaison 8104, l'histoire pourrait ressembler à ceci : Lorsque le sablier s'écoule, la hache tombe sur l'œuf, qui se déverse sur un trèfle. A première vue, c'est un non-sens, mais il est étonnamment facile à mémoriser.

Vous voulez en savoir plus sur l'apprentissage ?

Vous trouverez ici d'autres conseils utiles :

Metzig, Werner et Martin Schuster : *Apprendre à apprendre : utiliser efficacement les stratégies d'apprentissage*

Beck, Henning : *Le nouvel apprentissage : c'est comprendre*

Techniques d'apprentissage-guide.com

Le grand test : quel est mon niveau de culture générale ?

Savez-vous ce qu'il en est de votre culture générale ?
Ce test vous permettra de le savoir ! Pour chaque section de l'échelle de connaissances, il y a cinq questions dans différents domaines. Pour chaque question, réfléchissez à une réponse et notez-la. Vous pouvez certainement répondre aux premières questions sans problème, mais cela devient de plus en plus difficile ! Il est bien sûr interdit de vérifier. Vous trouverez les solutions à la fin de ce livre. Pour chaque réponse

correcte, vous obtenez deux points. Grâce à l'échelle, vous pouvez ensuite voir quel est votre niveau de connaissances générales et dans quels domaines vous êtes particulièrement faible ou déjà un expert. Amusez-vous bien !

Échelle de connaissances	Questions
0 - 9 Sans méfiance	1. Quelle est la capitale de l'Allemagne ? 2. Quand a eu lieu la réunification allemande ? 3. Qui a écrit "Faust" ? 4. Quel est le plus grand organe de l'homme ? 5. Combien de Länder y a-t-il en Allemagne ?
10 - 20 Ne sait rien	6. Combien de merveilles du monde y a-t-il ? 7. Quand a eu lieu l'alunissage ? 8. Les baleines sont-elles des poissons ou des mammifères ? 9. Qui a peint la Joconde ? 10. Qui est considéré comme le père de la théorie de l'évolution ?
20 - 30	11. Quelle est la capitale de la Norvège ?

Semi-éduqué	12. Quel est le régime économique de la République fédérale d'Allemagne ? 13. Quel est l'animal le plus rapide sur terre ? 14. Quand l'euro a-t-il été introduit ? 15. Combien de reins une personne possède-t-elle normalement ?
30 - 40 Pire que le Mo-yenne	16. Quel est le nom du premier satellite envoyé dans l'espace ? 17. Quel est le symbole des Jeux olympiques ? 18. de quand à quand a duré la Première Guerre mondiale ? 19. Qui a inventé l'imprimerie ? 20. Dans quelle ville le détective Sherlock Holmes a-t-il vécu ?
40 - 50 En mo-yenne	21. Quand Christophe Colomb a-t-il découvert l'Amérique ?

22. Quelle est la couleur complémentaire du jaune ?

23. Quelle est la capitale de l'Australie ?

24. Combien de fois l'Allemagne a-t-elle été championne du monde de football ?

25. Qui a été le deuxième chancelier fédéral d'Allemagne ? (RFA)

---

50 - 60 Bien informé

26. Quand le premier iPhone a-t-il été lancé ?

27. Qui a écrit "Le vieil homme et la mer" ?

28. Combien d'os y a-t-il dans le corps humain (adulte) ?

29. Quel instrument mesure les secousses d'un tremblement de terre ?

30. Quel est le réalisateur du premier volet de "Star Wars" ?

---

60 - 70 Formé

31. Quelle est la capitale de la République d'Azerbaïdjan ?

32. Qui a composé l'opéra "Carmen" ?

| 70 - 80 Petit malin | 33. Combien de planètes notre système solaire compte-t-il ?
34. Quel est le premier acteur à avoir incarné James Bond ?*
35. De quoi est composé le diamant ?
36. Quel est l'élément le plus léger du tableau périodique ?
37. Quelle est l'altitude du Mont Blanc ?
38. Combien de touches compte un piano ?
39. De quelle couleur sont les arcs-en-ciel tout en haut ?
40. Qui a écrit "1984" ? |
| 80 - 90 Expert | 41. Où se sont déroulés les Jeux olympiques d'hiver de 1994 ?
42. Combien de disques intervertébraux y a-t-il dans la colonne vertébrale humaine ?
43. Quelle est la longueur de la Grande Muraille de Chine ?
44. Quel chancelier allemand a reçu le prix Nobel de la paix ? |

45. Quel souverain allemand était surnommé "le Grand" ?

90 - 100

Einstein

46. Combien de temps faut-il à la Station
spatiale internationale (ISS) pour faire un
tour de la Terre ?

47. Quelle est la longueur du fleuve Niger
?

48. Quel est le numéro atomique du
cuivre dans le tableau périodique des
éléments ?

49. À combien de fuseaux horaires la Russie appartient-elle ?

50. Quel est le numéro d'identification
des titres ?

La grande culture générale

PARTIE 1 : HISTOIRE DE L'HU-MANITÉ

Âge de pierre

L'âge de pierre correspond à la période allant d'environ 2,5 millions à 2 000 ans avant Jésus-Christ. Elle est divisée en trois périodes : le paléolithique, le mésolithique et le néolithique. Au cours de cette première période de l'histoire de l'humanité, la planète a subi de nombreux changements climatiques, les animaux et la végétation s'adaptant aux circonstances ou disparaissant. Pendant ce temps, une espèce se développe, qui va changer le monde comme aucun être ne l'a fait auparavant : l'homme.

Premiers êtres humains

Le berceau de l'homme se trouve en Afrique. Il y a 2 millions d'années, l'australopithèque, une évolution du grand singe, vivait ici. Il est déjà plus intelligent et construit différemment de ses ancêtres. L'évolution de l'homme trouve en lui son point de départ décisif.

Le premier squelette connu d'un préhumain a été découvert en 1974 en Éthiopie, il ne mesure qu'un mètre et a été surnommé Lucy. Les 47 os de l'individu datent de 3,2 millions d'années et montrent que les premiers êtres humains avaient déjà une démarche droite. Les premiers hommes comme Lucy étaient présents dans presque toute l'Afrique de l'Est avant que les changements climatiques ne les fassent disparaître ou évoluer. Bien que d'autres squelettes anciens aient été découverts depuis la découverte de Lucy, comme "Ardi" d'Éthiopie ou "Litte Foot" d'Afrique du Sud, Lucy est toujours considérée comme la référence en matière d'ossements humains fossiles nouvellement découverts.

Les étapes du développement humain

Il y a environ 1,9 million d'années commence alors l'ère de l'Homo erectus. Sa mâchoire est développée, il est plus grand et de forte corpulence. Les squelettes d'Homo erectus ont été retrouvés principalement en Afrique du Sud et du Nord ainsi qu'en Asie du Sud-Est. C'est la première espèce humaine à s'être installée en dehors de l'Afrique. Les voyages lointains lui sont permis, outre sa démarche verticale, par ses longues jambes qui, contrairement à celles de ses ancêtres, sont plus longues que ses bras - l'homme n'est plus un être de la jungle. L'Homo erectus devient également de plus en plus social. Chasser, protéger et vivre ensemble nécessitent la formation d'un langage de plus en plus complexe et l'établissement d'une étroite coopération.

Il y a environ 50.000 ans, cette espèce humaine disparaît, faisant de l'Homo erectus l'hominidé ayant existé le plus longtemps. La raison de sa disparition est probablement le changement de climat auquel notre ancêtre n'a pas pu s'adapter. Certains chercheurs affirment même qu'il était tout simplement trop ignorant ou trop paresseux pour s'adapter aux conditions environnementales changeantes. Les fossiles découverts ont révélé que l'Homo erectus aimait prendre la voie la plus facile et ne cherchait guère à progresser, par exemple dans la production d'outils.

Malgré cela, ou peut-être à cause de cela, l'Homo erectus a évolué pour devenir la dernière espèce vivante du genre Homo, l'Homo sapiens. L'homme actuel est relativement jeune à l'échelle de l'histoire de la Terre, puisqu'il n'est apparu qu'il y a 200.000 ans. Il possède un grand cerveau, peut utiliser son corps de manière flexible et s'est répandu dans le monde entier par le biais de ponts terrestres entre les continents. Homo sapiens se traduit par "l'homme sage". Bien que la scission de l'espèce avec nos plus proches cousins, les chimpanzés, ait eu lieu il y a cinq millions d'années, notre patrimoine génétique ne diffère du leur aujourd'hui que de 1 %. Ce qui a rendu les premiers individus de notre espèce si "modernes", c'est avant tout leur comportement - comment ils géraient les ressources, comment ils structuraient leurs colonies, quelles étaient leurs hiérarchies sociales et quel art ils produisaient, comme des ornements corporels particuliers.

Néandertaliens

Les Néandertaliens ne sont en effet pas nos ancêtres directs, mais seulement des parents de l'homme moderne, qui ont évolué parallèlement et indépendamment de lui. Ils sont issus du genre Homo erectus et partagent donc avec l'Homo sapiens un ancêtre africain commun. Longtemps considérés comme une sous-catégorie primitive de l'espèce humaine, les

Néandertaliens fabriquaient en réalité des outils variés et étaient très sociaux.

Malgré leurs incroyables capacités de survie, les Néandertaliens se sont éteints il y a 40 000 ans, lorsque l'Homo sapiens est arrivé d'Afrique en Europe. Les chercheurs s'interrogent encore aujourd'hui sur cette mystérieuse extinction, car c'est précisément à cette époque que la population néandertalienne était la plus importante selon les découvertes archéologiques. Ce qui est sûr, c'est que les Néandertaliens ont également souffert des changements environnementaux et que, contrairement à l'Homo sapiens, ils avaient tendance à se regrouper en petits groupes, ce qui était préjudiciable.

Premiers outils

Depuis que l'homme se tient debout et sait utiliser ses mains, il fabrique des outils. Le plus ancien outil de l'humanité est le coin-poing, taillé dans des pierres dures en silex. Les coins-poings servent à fabriquer des lances pour la chasse, car le bois est également un matériau important. Mais l'outil le plus important est le feu. Il garantit la chaleur dans la fraîcheur de l'Europe centrale, la sécurité et des repas plus nourrissants. En effet, la viande cuite est plus facile à digérer, ne contient pas de bactéries et contribue au développement du cerveau. Le plus ancien foyer date d'environ 400 000 ans. En observant les outils de nos cousins, il est facile de voir ce que nous avons encore en commun avec eux aujourd'hui : la volonté de créer et d'utiliser de nouvelles choses, ainsi que la créativité et l'imagination nécessaires pour y parvenir.

Chasseurs-cueilleurs

La chasse et la cueillette sont la base économique de nos ancêtres. Leur dépendance vis-à-vis de la nature est énorme, car c'est d'elle que dépend toute leur survie. Les gens vivent en petits groupes et se répartissent le travail. Alors que les femmes, les enfants et les personnes âgées sont chargés de la cueillette des fruits, des racines et des petits animaux, les hommes partent généralement en groupe à la chasse au gros gibier. À l'aide de lances et de fosses de capture, ils peuvent même abattre de grands mammouths, tandis que les poissons sont capturés à l'aide de harpons. Depuis quelques années, le régime alimentaire des hommes de l'âge de pierre est également à la mode de nos jours.

L'alimentation dite paléo consiste à consommer principalement des fruits, des légumes, des herbes, des noix, de la viande et du poisson, et à éviter les aliments transformés ou modifiés par l'homme en général. Les additifs et le sucre sont ainsi supprimés, ce qui a un effet positif sur l'organisme. Il est toutefois difficile de suivre un tel régime alimentaire, car il n'est pas facile de trouver des aliments non traités tels que la viande, le poisson ou les fruits sauvages dans le monde actuel.

Vie nomade

La vie de chasseur-cueilleur nécessite d'être constamment en mouvement. Les hommes du paléolithique parcourent de longues distances pour suivre les troupeaux d'animaux et garantir ainsi un approvisionnement constant en viande ou pour collecter des réserves végétales et du combustible. Les changements climatiques, comme les périodes de grand froid et de grand chaud, poussent également les hommes à se déplacer sur les continents. De plus, la migration présente l'avantage de rencontrer d'autres groupes et d'échanger du patrimoine génétique.

Âge de glace

La dernière grande période glaciaire a commencé il y a environ 115.000 ans et s'est terminée il y a environ 10.000 ans. A cette époque, il fait en moyenne six degrés de moins sur la Terre qu'aujourd'hui, un grand nombre de glaciers se forment et, à son apogée, la surface de la Terre est recouverte de glace à 32 %. Aujourd'hui, ce n'est plus le cas que de 10 % environ. Le réchauffement important et continu qui a suivi l'ère glaciaire a entraîné la disparition d'espèces telles que le mammouth, l'ours des cavernes ou le tigre à dents de sabre, car elles ne pouvaient pas s'adapter assez rapidement. L'homme est plus flexible ; il tire profit du climat chaud. D'ailleurs, nous vivons encore aujourd'hui, d'une certaine manière, dans une ère glaciaire. Une telle période se caractérise par de nettes fluctuations entre des phases plus froides et plus chaudes. Une période froide est une telle période glaciaire, comme celle qui a commencé il y a 115.000 ans. Actuellement, nous nous trouvons dans une période chaude de l'ère glaciaire.

Progrès agricole

Au fil des millénaires, l'homme se transforme physiquement - il devient plus grand, plus robuste, plus habile - et optimise ses conditions de vie. Les progrès de l'agriculture sont très importants, car ils mettent fin aux déplacements incessants à travers les continents.

Premières implantations de clans

Avec la fin de la période glaciaire et le début du Néolithique, vers 9500 avant J.-C., la vie de nos ancêtres change, car ils commencent à se sédentariser. Au cours de ce que l'on appelle la révolution néolithique, leurs conditions de vie changent radicalement. Les cultures et les animaux domestiqués leur fournissent désormais de la nourriture pendant presque toute l'année, le surplus entraîne une forte croissance démographique et les petits clans deviennent de grandes communautés. Une autre révolution a lieu : Les relations entre les hommes deviennent plus exclusives et la monogamie s'impose peu à peu, un concept que les hommes n'appréciaient pas avant la révolution néolithique. La possession de la terre et la construction d'abris plus solides font que la succession joue un rôle de plus en plus important, les hommes et les femmes cherchant ensemble à maintenir leur propre lignée en vie. De plus, les relations à deux réduisent considérablement le risque de maladies sexuellement transmissibles et, par conséquent, le risque de décès ou de stérilité. Cette révolution sexuelle s'impose chez une grande partie de nos ancêtres.

Première agriculture

Les nomades se sédentarisent, les chasseurs-cueilleurs
se transforment en agriculteurs. Selon les chercheurs,
le blé et l'orge ont été cultivés pendant la révolution
néolithique comme l'un des premiers endroits du
"Croissant fertile", une région qui s'étend de la Pales-
tine à la Perse en passant par la Syrie. Jusqu'à ce mo-
ment-là, un processus de sélection a déjà eu lieu, au
cours duquel les hommes ont découvert quelles plantes
sauvages pouvaient devenir des cultures et comment
cela devait se faire. La vie de tous les membres de la
communauté s'organise de plus en plus en fonction des
saisons et de la construction de huttes protectrices. La
sécurité retrouvée et une alimentation plus saine contribuent grandement au développement futur des communautés.

Premier élevage de bétail

Bien que la chasse soit toujours très pratiquée malgré
la nouvelle sédentarisation, l'homme se spécialise
bientôt dans l'élevage. Depuis au moins 8500 ans, il
intègre le lait des animaux dans son alimentation et se
procure ainsi une grande variété de protéines. Le fait
d'élever des bovins, des porcs et des chèvres et de les

abattre au besoin facilite l'accès à une viande saine, mais le contact étroit avec les animaux entraîne également l'apparition de nouvelles maladies. En fait, malgré l'élevage, nos ancêtres se tournent de plus en plus vers une alimentation végétale. Les chercheurs pensent qu'ils absorbaient ainsi moins de vitamine D, ce qui a permis aux Européens d'origine à la peau foncée d'acquérir des gènes responsables de leur peau claire.

Cultures avancées

Les civilisations avancées sont des systèmes sociaux qui présentent un certain degré de complexité. Les scientifiques ne sont pas toujours d'accord sur les cultures historiques qui appartiennent ou non à cette catégorie. Ce qui est sûr, c'est qu'aux alentours de 4.000 avant J.-C., la civilisation humaine a connu une poussée de développement au cours de laquelle des civilisations avancées ont vu le jour presque partout dans le monde.

Les débuts de la civilisation en Égypte

L'Égypte ancienne, dont l'histoire remonte à 3 000 ans, fait partie des premières civilisations avancées et certainement des plus prospères. De nombreuses réalisations et lois exceptionnelles du pays des bords du Nil font de l'Égypte une sorte de prototype de civilisation avancée. Ainsi, les Égyptiens disposent d'un système juridique sophistiqué, d'une armée stable pour conquérir au-delà de leurs frontières et d'une multitude de postes de fonctionnaires. L'autorité suprême est toujours le pharaon, qui gouverne le pays en tant qu'autocrate et prêtre suprême et qui est vénéré comme un dieu. Des scribes et des administrateurs veillent à l'ordre dans l'État, l'infrastructure est très développée avec des systèmes d'irrigation, des voies de transport et des techniques de construction adaptées au paysage, et les anciens Égyptiens ont également beaucoup à montrer en matière de médecine et de soins. Ils influencent la civilisation actuelle, notamment par leur langue et leurs nombreuses inventions dans les domaines des mathématiques, de l'architecture, de l'astronomie et de la géométrie. Parallèlement, ils sont parmi les premiers à s'interroger sur leur propre existence et à se pencher sur des questions philosophiques.

Empire babylonien

Considérée comme le "berceau de la civilisation", la Mésopotamie est une région du Proche-Orient qui a accueilli plusieurs peuples au cours de l'histoire. Située au sud de l'Irak actuel, la Babylonie devient une civilisation avancée au cours du 4ème millénaire avant JC.

La ville d'Uruk constitue le centre de l'empire babylo-nien et se caractérise par d'immenses temples et des monuments impressionnants. Comme les Égyptiens, les habitants de la ville développent des systèmes d'écriture et de paiement pour gérer les terres et les biens. Une première écriture cunéiforme voit le jour, qui deviendra plus tard notre écriture européenne. Le souverain le plus célèbre de Babylone est Hammurapi Ier, roi pendant 43 ans et connu pour avoir rédigé l'une des premières lois. Ce "Codex Hammurapi" contient le droit civil, le droit pénal et le droit administratif. Les lois sont principalement basées sur le principe "oeil pour oeil, dent pour dent" et sont donc brutales. Après Hammurapi, l'Empire babylonien s'effondre en raison de tensions entre plusieurs cités-États et est envahi par le peuple hittite d'Asie Mineure vers 1595 av.

La civilisation mycénienne

Les débuts de la Grèce sont marqués par la civilisation mycénienne, probablement la première de ce type en Europe continentale. Entre 1600 et 1200 av. J.-C., cette civilisation s'étend à travers la Grèce et produit une multitude d'objets d'art, d'écrits et d'architecture. De nombreux petits royaumes et principautés du pays commercent entre eux, mais des marchandises sont également échangées avec la Syrie, l'Égypte et d'autres pays. Alors que la majorité de la population vit de l'agriculture et de l'élevage et doit payer quelques taxes, les souverains indépendants et la classe supérieure possèdent de prestigieux palais et des objets d'artisanat. Les Mycéniens maîtrisent également l'art de la guerre, leurs forteresses ont par endroits des murs de 7 mètres de diamètre et les affrontements sont fréquents. Ce sont surtout ces guerres qui inspirent Homère et l'amènent à écrire des poèmes sur les "Achéens".

La raison pour laquelle cette civilisation florissante s'est éteinte après seulement 400 ans reste inexpliquée. Des guerres internes et des catastrophes naturelles sont considérées comme probables, mais il n'existe pas d'explication définitive à ce jour.

Ancienne

L'Antiquité a également donné naissance à deux grandes civilisations qui ont façonné notre civilisation européenne : la Grèce antique et l'Empire romain. Les innovations, les lois et les réalisations artistiques de ces civilisations se prolongent jusqu'à notre ordre social actuel et ont considérablement modifié le cours de l'histoire.

Grèce antique

La période de la Grèce antique est datée de 1600 av. J.-C. à 27 av. J.-C.. Des cités-États indépendantes se forment sur la côte de la Méditerranée orientale, souvent en guerre, mais qui restent liées par leurs croyances en un monde divin complexe et des légendes communes. Les dieux de l'Olympe, qui règnent sur les mortels sur terre, occupent une place importante chez les Grecs. Pratiquement aucune grande décision n'est prise sans les consulter et les fêtes doivent toujours donner lieu à des sacrifices rituels.

Les Grecs anciens façonnent la science et, surtout, la culture que nous apprécions aujourd'hui. Ils dessinent les premières cartes du monde avec les latitudes et les longitudes et développent le théâtre, sur lequel se basent toutes les pièces dramatiques ultérieures. Outre d'importantes œuvres poétiques, ils construisent des monuments et d'importantes sculptures, tout en produisant les premiers écrits historiques et de nombreuses idées philosophiques. L'époque de l'hellénisme, la Grèce indépendante, se termine vers 27 av. J.-C., lorsque le pays est définitivement intégré à l'Empire romain. Cependant, la culture grecque subsiste sous Rome et est très appréciée par les Romains eux-mêmes.

Premiers Jeux olympiques

Les premiers Jeux olympiques de l'Antiquité sont bien documentés grâce à l'historiographie des Grecs anciens. Ils ont lieu en 776 avant J.-C. à Olympie et sont célébrés tous les quatre ans en tant que fête religieuse. Sur le plan politique et culturel, la fête du sport est un événement majeur. Une trêve est observée pendant le tournoi, qui met l'accent sur la compétition équitable. Les sports pratiqués sont la course, la lutte, le pugilat, la course de chars et la boxe. Les jeux sont accompagnés de sacrifices et de cérémonies religieuses.

Démocratie à Athènes

Pour beaucoup, l'Athènes antique est avant tout associée à l'origine de la démocratie. Aux alentours de 600 avant J.-C., des révoltes éclatent et permettent aux Athéniens de participer à des assemblées populaires et au tribunal populaire. Le fonctionnaire Clésthène est considéré comme le fondateur de la démocratie attique. Il fonde le "Conseil des 500", qui prépare les décisions politiques. La particularité de ce conseil est que ses membres sont tirés au sort, au lieu d'être élus comme auparavant. Les femmes et les esclaves sont toujours exclus de la vie politique, mais les hommes libres peuvent pour la première fois participer activement à la politique. La conscience civique s'en trouve renforcée. Lors des "tribunaux de tessons", les décisions sont effectivement gravées sur des tessons de poterie qui sont ensuite recueillis pour un vote politique. Sans cette première forme de démocratie dans l'Athènes antique, notre politique actuelle serait inimaginable.

Empire romain

Selon les historiens, l'Empire romain est fondé en 753 avant Jésus-Christ. Le mythe de la fondation de Rome est basé sur l'histoire de deux jumeaux, Romulus et Rémus, descendants du fils du roi Énée et élevés par une louve, avant que Romulus ne devienne le roi de la nouvelle ville de Rome. De 753 à 509 av. J.-C., la Rome antique est dirigée par des rois, de 509 à 27 av. J.-C., la République romaine est en place, puis commence l'ère impériale. L'expansion de la petite cité-État vers l'empire s'étend sur plusieurs siècles et repose principalement sur Rome en tant que métropole très développée. La ville abrite des temples et des palais impressionnants, le Colisée avec ses nombreuses compétitions et spectacles, des thermes, un système de rues bien conçu et un égout. La science et la philosophie sont particulièrement chères aux riches patriciens, et les langues officielles, le latin et le grec ancien, sont souvent utilisées pour les discours et la rédaction des écrits.

La Légion romaine, qui comptait parfois 30 légions (une légion comptait environ 6.000 hommes), constitue une force armée puissante et permet l'expansion de l'Empire. Sous l'empereur Trajan (57 à 117 apr. J.-C.), l'Empire couvre des terres sur trois continents d'une superficie d'environ 5.000.000 km², de la Gaule et de la Bretagne jusqu'aux régions proches de la mer Noire.

République romaine

Lorsque les Romains donnent à leur État le titre de république (du latin "res publica", la chose publique) vers 500 av. J.-C., ils n'ont évidemment aucune idée de ce qu'est une république telle que nous la connaissons aujourd'hui. Au sommet se trouvent toujours les patriciens, des propriétaires terriens nobles qui aiment faire étalage de leur gloire. Ils sont séparés des plébéiens, des citoyens ordinaires tels que les paysans et les artisans, qui ont certes des droits civiques, mais qui gagnent beaucoup moins bien leur vie. En cas de guerre, ils doivent tout de même partir, payer leurs propres armes et quitter leurs champs et ateliers pendant de longues périodes. Après des manifestations, ils acquièrent certes plus d'influence politique et accèdent à des postes d'État, mais l'ascension politique reste difficile pour les simples citoyens. Pour accéder à de hautes fonctions, il faut être un bon orateur et posséder de l'argent et de l'influence.

Néanmoins, les plébéiens peuvent tenir leurs propres assemblées et mettre leur veto par l'intermédiaire de tribuns du peuple, invoquer des lois et des droits, se marier avec des patriciens et même voter eux-mêmes des lois en 287 av. J.-C.. Les femmes et les esclaves sont exclus de toute discussion politique, même si certains hommes apprécient les conseils de leurs épouses.

Assassinat de César

Gaius Julius César est sans doute l'homme d'État romain le plus connu aujourd'hui. Outre son ambition de faire de la République romaine une monocratie et sa liaison avec Cléopâtre, il est surtout célèbre pour son assassinat, qui a fourni pendant des siècles la matière de poèmes comme "Jules César" de Shakespeare. Le 15 mars 44 avant J.-C., César est assassiné à coups de poignard par plusieurs sénateurs, dont Marcus Brutus, que César considérait en fait comme un allié et un ami. Le meurtre de César est considéré comme un tyrannicide, motivé par le mécontentement politique et la crainte de voir le souverain devenir encore plus puissant.

Moyen Âge

L'époque médiévale s'étend du VIe au XVe siècle. Elle commence avec la fin des migrations et se termine aux alentours de la Renaissance. Le Moyen Âge est divisé en début, haut et fin du Moyen Âge, selon l'idée d'ascension, de prospérité et de déclin de la période.

Cette division est aujourd'hui plus nuancée et la transition entre les différentes périodes est plutôt fluide.

Migration des peuples

Le terme de "Völkerwanderung" (migration des peuples) désigne la fuite des tribus germaniques entre 375 et 568 après J.-C. environ. La raison en est l'invasion des Huns depuis la Mongolie, qui pousse les Francs, les Saxons, les Thuringiens, les Goths, les Vandales et d'autres tribus germaniques à quitter leur pays et à se déplacer vers le sud, l'ouest et le centre de l'Europe. Cette évolution a pour conséquence que l'Empire romain se désagrège de plus en plus en raison de l'autonomie croissante des tribus. Il se divise en deux parties : l'Empire romain d'Occident, qui s'effondre définitivement en 476, et l'Empire romain d'Orient, également appelé Byzance, qui subsiste jusqu'en 1453.

Début du Moyen Âge

Le haut Moyen Âge est l'époque des Mérovingiens et des Carolingiens, deux lignées de souverains qui ont bâti leur pouvoir sur ce qui restait de l'Empire romain et qui ont dirigé ensemble le grand royaume franc. Cette période couvre à peu près la période du 5ème au 11ème siècle, pendant laquelle une petite partie de la société, le clergé et la noblesse vivent souvent dans l'opulence, tandis que le reste, qui vit de l'économie agricole, souffre de la pauvreté. Les monastères sont responsables de la culture et de l'éducation, et l'Église assume également le pouvoir d'État dans de nombreuses régions. L'"État" est composé de nombreuses tribus, clans et communautés. Au début du Moyen Âge, Charlemagne, roi du royaume des Francs, est une figure importante. C'est à juste titre qu'il est aujourd'hui considéré comme le "père de l'Europe", car après l'effondrement du royaume des Francs vers 1300 après J.-C., sa moitié occidentale devient la France et sa moitié orientale le Saint Empire romain germanique.

Féodalité & féodalisme

Le Moyen Âge est dominé par la féodalité, un régime politique dans lequel un roi accorde un fief à vie à un seigneur. Ces vassaux de la couronne accordent à leur tour des terres et des charges à des sous-vassaux, c'est-à-dire des chevaliers, des abbés et des fonctionnaires, en échange de services officiels et de guerre. Les sous-vassaux accordent ensuite des terres et leur protection à des dépendants, des paysans et des serviteurs qui paient des services et des taxes à leurs vassaux. Ce système pyramidal détermine la structure de la société jusqu'au 18ème siècle.

Haut Moyen Âge

Le haut Moyen Âge s'étend du milieu du XIe siècle au milieu du XIIIe siècle et se caractérise avant tout par une urbanisation croissante, une mobilité accrue et une croissance démographique. L'économie monétaire gagne en proéminence et l'artisanat prospère, tandis qu'une forme spécifique de culture courtoise se développe autour de la chevalerie. Celle-ci jouit d'un grand prestige, ce qui se traduit par la première littérature courtoise et le minnesang. La création d'écoles au cours du haut Moyen Âge permet d'améliorer l'éducation de larges couches de la population et, peu à peu, la sécurité juridique et les organisations politiques s'établissent pour les citoyens.

Croisades

Les croisades sont considérées comme des guerres saintes chrétiennes, sanctionnées par l'Église. Motivés par des raisons économiques, stratégiques et religieuses, les chevaliers partent en Orient pour combattre les États musulmans et les christianiser. Les croisades sont également appelées "pèlerinage armé". En 1099, les croisés s'emparent de Jérusalem. Jusqu'au 15e siècle, des campagnes militaires sont menées au Moyen-Orient.

Vie monastique

Depuis le début du Moyen Âge, les monastères se sont multipliés en Europe. Ce qui rend la vie dans une communauté monastique si attrayante, c'est avant tout la sécurité qu'elle offre. Selon la devise "ora et labora", c'est-à-dire "prie et travaille", les membres de la communauté laissent derrière eux la vie mondaine et ses plaisirs exaltants, mais aussi toutes les misères de ce monde, pour travailler huit heures par jour et prier aussi longtemps. Les moines et les moniales font vœu de piété et d'obéissance absolues, vivent en sécurité en échange et peuvent pratiquer, outre la lecture et l'écriture, des sciences telles que l'astronomie ou la musique.

Création de villes

Le haut Moyen Âge est considéré comme l'âge d'or des villes. Avec l'augmentation de la population et la prospérité du commerce, des colonies et des petites villes apparaissent, surtout à proximité des églises, des monastères et des châteaux. Des villes déjà fondées comme Trèves ou Mayence prennent vie, Cologne étant l'une des plus grandes avec 40.000 habitants. Outre de nouvelles professions, de précieux centres commerciaux se développent et deviennent de plus en plus importants au fil du temps. Parallèlement à la croissance urbaine sur le territoire de l'Allemagne actuelle, des villes apparaissent dans d'autres pays comme la France et l'Italie, ce qui favorise le commerce. Partout, les gens sont attirés par les villes, qui promettent prospérité et sécurité.

Fin du Moyen Âge

Le Moyen Age tardif s'étend du milieu du 13ème siècle à la fin du 15ème siècle et marque la dernière période avant l'ère moderne. Cette période est marquée par la famine et les épidémies, notamment en raison du petit âge glaciaire, une période de froid au 14ème siècle qui entraîne de mauvaises récoltes. Les guerres civiles se succèdent, le conflit entre la France et l'Angleterre s'achevant finalement par la guerre de Cent Ans, de 1337 à 1453. Parallèlement, la fin du Moyen Âge est une période où les textes anciens sont redécouverts et appréciés, et où les progrès scientifiques s'accélèrent.

Inquisition

Le Moyen Âge est également marqué par la cruelle Inquisition, au cours de laquelle les dissidents, appelés "hérétiques", sont poursuivis, torturés et tués. Les inquisiteurs sont à la fois accusateurs, défenseurs et juges, avec la bénédiction de l'Église. Les gens, frappés par la famine et la maladie, se dénoncent souvent les uns les autres, l'Église démantèle systématiquement les groupes d'hérétiques et s'attaque encore au début des temps modernes à une nouvelle forme d'hérésie, la science avancée. Ce n'est qu'avec le siècle des Lumières que l'Inquisition prend fin.

La mort noire

Entre 1346 et 1353, l'Europe est touchée par l'une des épidémies de peste les plus dévastatrices de l'histoire, dont le bilan est estimé à 25 millions de morts, soit un tiers de la population européenne. Fièvre et bosses douloureuses affligent les personnes touchées et entraînent la mort dans la plupart des cas. Mais la maladie en elle-même n'est pas la seule à tuer. Les juifs sont désignés comme boucs émissaires de la peste, bien qu'il y ait également des victimes de la peste parmi eux. Ils sont expulsés et assassinés dans de nombreux endroits. Les hommes du Moyen-Âge n'ont pas d'antidote à

l'épidémie et traitent les victimes du "châtiment divin"
avec des saignées, des vomitifs ou de l'eau de rose. Ce
n'est que des décennies après la première grande vague
de peste du Moyen-Âge que l'on mise sur la quarantaine et l'isolement, l'agent pathogène de la peste
n'étant identifié qu'en 1894 par le médecin suisse Alexandre Yersin.

Découverte de l'Amérique

La découverte de l'Amérique en 1492 par Christophe
Colomb, qui était en fait à la recherche d'une route
commerciale vers les Indes, marque la fin du Moyen-
Âge. Bien que les chercheurs soient aujourd'hui
certains que les Vikings de Leif Eriksson avaient déjà
posé le pied sur le sol américain vers l'an 1000, Christophe Colomb est considéré comme le découvreur du
continent, qui a apporté prospérité et richesse aux Européens au cours des siècles suivants. Mais pour les A-
mérindiens, c'est le début d'une période d'oppression,
d'exploitation et de destruction.

Époque moderne

L'époque moderne succède au Moyen Âge et s'étend
jusqu'à nos jours. Dès le début, des bouleversements et
de nouveaux points de vue déterminent le cours de
l'histoire de l'humanité. La vision du monde et l'image

que l'homme se fait de lui-même sont remises en question et les questions philosophiques sont traitées avec une intensité croissante. Des révolutions et des progrès techniques ont lieu, tandis que les populations pauvres et les autochtones des pays colonisés sont les premières à souffrir de la puissance croissante des Européens.

Renaissance

La Renaissance est le signe d'une nouvelle époque, l'ère moderne. Après le "Moyen-Âge obscur", une période culturelle éclate et façonne aux 15e et 16e siècles de nouvelles idées, conceptions et visions. L'accent est surtout mis sur l'Antiquité grecque et romaine, dont les réalisations artistiques sont louées et imitées. Des philosophes comme Socrate, Aristote et Platon sont étudiés et vénérés. De nouvelles œuvres majeures d'architecture, de poésie et de peinture sont créées et admirées jusqu'à aujourd'hui. Les nobles et les lettrés se rendent en pèlerinage à Florence, la ville centrale de la Renaissance, pour s'inspirer de la patrie de leurs idoles culturelles.

Réforme

En octobre 1517, Martin Luther déclenche la Réforme avec ses thèses. Il est convaincu que seule la Bible doit servir de référence, et non les décisions du pape. Il critique le commerce des indulgences pratiqué par l'Église, qui permet aux gens d'acheter l'absolution de leurs péchés. Selon lui, l'homme n'a pas besoin de l'Église ou des saints pour parler à Dieu, mais peut communiquer directement avec Dieu. Encouragées par l'invention de l'imprimerie, ses idées se répandent à une vitesse fulgurante et déclenchent un mouvement de renouveau ecclésiastique. Le protestantisme est né.

Guerre de Trente Ans

Au XVIIe siècle, l'une des guerres de religion les plus longues et les plus brutales se déroule sur le sol européen. En mai 1618, des citoyens protestants défenestrent les gouverneurs royaux en réaction à la répression de la liberté de culte par les souverains catholiques (défenestration de Prague). Il s'ensuit une guerre de plusieurs décennies entre protestants et catholiques dans tout le Saint Empire romain germanique déjà fragmenté. C'est surtout la population qui souffre, car les armées itinérantes attaquent les villes et les villages, pillent, tuent et violent. Plus de quatre millions de personnes meurent. Ce n'est qu'en 1648 que cette guerre dévastatrice prend fin.

Point culminant de la chasse aux sorcières

Un autre fléau atteint son apogée au XVIIe siècle : la chasse aux sorcières. On estime que 40.000 à 60.000 sorcières accusées sont exécutées en Europe, parmi lesquelles non seulement des femmes mais aussi des hommes. Cette chasse à l'homme est principalement due à la situation difficile de la population et au fanatisme de l'Église catholique. Les mauvaises récoltes et la famine alimentent le mécontentement et le désespoir des gens ordinaires, qui se tournent vers les "libérateurs" avec gratitude. L'inquisiteur le plus célèbre est Heinrich Kramer, qui incite à la délation, torture et fait exécuter les prétendues sorcières. La dernière condamnation à mort d'une sorcière ne sera prononcée qu'en 1775.

Reconnaissance

Le siècle des Lumières veut mettre fin à de telles horreurs. Ce mouvement, qui débute en 1700, met en avant la pensée rationnelle et le progrès. Le leitmotiv du mouvement vient d'Emmanuel Kant, qui exhorte l'homme à utiliser sa propre raison et à développer une personnalité responsable. Les Lumières remettent en question les abus, les guerres, la religion et les structures sociales de l'époque. De nombreux livres et écrits sont rédigés, qui mettent l'accent sur la raison humaine et sa liberté, mais les pauvres et les femmes sont exclus de ces théories.

Révolution française

Les Lumières remettent en question les fondements de la légitimité des princes et des rois, c'est pourquoi de nombreux paysans commencent à se rebeller contre le système. En France, la Révolution française, qui se déroule de 1789 à 1799, met fin au système féodal médiéval et abolit la plupart des privilèges du clergé et de la noblesse. Le roi de France Louis XVI est guillotiné et le 17 août 1789, l'Assemblée nationale nouvellement créée adopte la Déclaration des droits de l'homme.

Impérialisme & colonialisme

Jusqu'au début du 20e siècle, les pays industrialisés européens se battent pour la suprématie en tant que puissances coloniales. Ils se partagent principalement des régions d'Afrique et d'Asie afin d'agrandir leurs propres empires, d'obtenir des matières premières précieuses et d'avoir des avantages stratégiques. Les territoires non encore occupés font l'objet d'une lutte acharnée. Soumettre les élites dirigeantes et les populations de ces pays ne pose généralement pas de problème majeur à la Grande-Bretagne, à l'Allemagne, à la Russie et à d'autres puissances, en raison de leur supériorité économique, technologique et militaire. Pour justifier l'exploitation des pays coloniaux, ils invoquent le darwinisme social, la "loi du plus fort". Les impérialistes se considèrent comme une race supérieure et parfois obligés d'occuper les pays qu'ils considèrent comme sous-développés.

Trafic d'esclaves

La colonisation contribue considérablement au commerce des esclaves, qui devient un modèle commercial international aux 16e et 17e siècles. Le "commerce triangulaire" s'établit. Les navires des grandes puissances se rendent sur les côtes d'Afrique de l'Ouest avec des marchandises telles que du tabac, du sucre et de l'alcool, les échangent contre des esclaves auprès des chefs de tribu et les emmènent ensuite en Amérique. Là, les esclaves étaient vendus sur les marchés du Nouveau Monde. Les marchands repartent ensuite vers l'Europe avec des matières premières provenant des colonies américaines, comme le café ou le coton. Ce commerce transatlantique se poursuit jusqu'en 1870 environ, date à laquelle environ onze millions d'Africains noirs enlevés arrivent en Amérique. Beaucoup ne survivent pas aux atrocités de la traversée. Une fois arrivés en Amérique, les esclaves sont généralement soumis à un travail pénible et à des traitements inhumains de la part des esclavagistes blancs.

Déclaration d'indépendance des États-Unis

Le 4 juillet 1776, les treize colonies d'Amérique du Nord signent la Déclaration d'indépendance des États-Unis après la Guerre d'indépendance américaine. Elles se détachent ainsi de la mère-patrie, la Grande-Bretagne, qui avait auparavant tenté désespérément de maintenir leur colonie sous contrôle et surtout de l'opprimer par l'impôt. Deux thèmes sont particulièrement mis en avant dans la déclaration : le droit révolutionnaire et les droits individuels de chaque citoyen. En 1791, les dix premiers amendements, la Déclaration des droits (Bill of Rights), auxquels les Américains attachent encore une grande importance aujourd'hui, deviennent effectifs. Ils protègent, entre autres, la liberté d'expression, le droit de posséder et de porter des armes et la liberté de religion.

Révolution allemande

Enfin, en Allemagne aussi, une révolution éclate. La Révolution allemande, également appelée Révolution de mars, a lieu en 1848 et transforme durablement le pays. Les révolutionnaires réclament avant tout la liberté d'expression et de la presse, l'égalité politique, une justice indépendante et la convocation d'une assemblée nationale. La mise en place de dirigeants réformateurs est censée calmer le peuple, mais la population aux idées libérales, en particulier, ne s'en satisfait pas. Leur souhait d'un État allemand unifié ne sera finalement pas exaucé, car les anciennes puissances retrouvent leur grandeur d'antan et combattent toute idée révolutionnaire.

La révolution échoue principalement parce que les intérêts des révolutionnaires étaient trop divergents. De nombreux paysans, par exemple, qui ont longtemps lutté pour la révolution, se satisfont de l'amélioration de leur situation économique. De plus, ils ne s'intéressent plus à la révolution. Le catalogue des droits fondamentaux, qui prescrivait les droits fondamentaux du peuple allemand, constitue toutefois un progrès.

Création de l'Empire allemand

Ce n'est que quelques décennies plus tard, en 1871, qu'un État national, l'Empire allemand, voit le jour. Après l'échec de la révolution, le mouvement national allemand a repris de l'élan et la volonté d'"unité, de droit et de liberté" reste intacte. A cela s'ajoute l'euphorie qui suit les guerres d'unification allemande, la guerre germano-danoise de 1864 pour les duchés du Schleswig et du Holstein, la guerre allemande de 1866 sur les territoires gagnés du Schleswig et du Holstein et la guerre franco-allemande de 1870/71, toutes gagnées par la Prusse.

Peu après, les États du sud de l'Allemagne rejoignent la Confédération de l'Allemagne du Nord, donnant ainsi naissance, après négociations, à la Confédération ou à l'Empire allemand. Le roi de Prusse Guillaume Ier est proclamé empereur le 18 janvier 1871. L'ensemble est considéré comme une "révolution par le haut", car l'évolution est en grande partie le fait des puissances de l'ancien ordre et le peuple n'a guère d'influence. Ainsi, paradoxalement, l'empereur allemand et ses princes ont le pouvoir en main, alors que la société se modernise et s'industrialise de plus en plus. Malgré tout, l'euphorie règne car les États allemands sont enfin unifiés.

Guerre civile américaine

Peu de temps auparavant, une nouvelle révolte a éclaté aux États-Unis. La guerre de Sécession, ou guerre civile américaine, se déroule de 1861 à 1865 et constitue le point culminant des conflits entre les États du Sud et du Nord. Les questions de l'unité de la nation et de l'abolition de l'esclavage sont au cœur du conflit. Alors que les États du Sud dépendent de l'économie agricole et de près de quatre millions d'esclaves comme main-d'œuvre bon marché, l'Union du président Abraham Lincoln s'oppose à l'esclavage.

De plus, le Nord et le Sud ont des structures sociales différentes. Les États du Sud craignent d'être mis en minorité dans les décisions politiques en raison de leur faible population. Les États confédérés du Sud, dirigés par leur propre président Jefferson Davis, sont également hostiles au Nord, qui souhaite maintenir les prix de leurs produits agricoles à un niveau bas. La guerre n'est donc pas uniquement due à la question de l'esclavage.

Les deux camps ne sont pas compréhensifs et finissent par se livrer une guerre acharnée. La guerre dure encore deux ans. À la fin, l'Union gagne et les tueries prennent fin. Plus de 600 000 soldats ont perdu la vie. Les États du Sud sont réintégrés dans l'Union et les esclaves obtiennent leur liberté grâce au 13e amendement, qui ne les protège toutefois pas de la ségrégation et des discriminations. Après la guerre, l'idée de la "cause perdue" s'établit dans le Sud pour mieux supporter la défaite. Cette expression décrit le fait que les Sudistes n'ont rien pu faire contre la supériorité du Nord et que la guerre a été ultime par les attaques culturelles et économiques du Nord sur le Sud. Aujourd'hui encore, la guerre civile occupe une place importante dans la conscience des Américains et le fossé entre le Nord et le Sud persiste. Par exemple, dans de nombreux États du Sud, le drapeau confédéré est encore souvent présent, bien qu'il soit généralement considéré comme un symbole de racisme et d'esclavage.

Si vous souhaitez vous intéresser de plus près à l'histoire de l'humanité, jetez un coup d'œil à ces sources :

Harari, Yuval Noah : *Une brève histoire de l'humanité*

Durant, Will : *Les leçons de l'histoire*

Parzinger, Hermann : *L'aventure de l'archéologie. Un voyage à travers l'histoire de l'humanité*

Krause, Johannes : *Le voyage de nos gènes. Une histoire sur nous et nos ancêtres*

evolution-mensch.de

geo.de/histoire de l'humanité

PARTIE 2 : LE 20E SIÈCLE

Le siècle dernier a façonné notre planète comme peu d'autres l'ont fait auparavant. Les innovations technologiques, les guerres mondiales, les nouvelles formes d'art et les évolutions culturelles ont jeté les bases du monde que nous connaissons aujourd'hui. Une connaissance approfondie du XXe siècle est donc essentielle pour comprendre le présent. L'aperçu suivant vous aidera à comprendre les principaux événements et développements.

1900 - 1910

Guerre des Boers

Lors de la deuxième guerre des Boers, de 1899 à 1902, la Grande-Bretagne s'oppose aux républiques boers de l'État libre d'Orange et de la République sud-africaine. Les Britanniques cherchent avant tout à contrôler de précieuses ressources naturelles, tandis que les Boers luttent pour leur indépendance vis-à-vis de la Grande-Bretagne. Ces derniers remportent quelques batailles, surtout au début de la guerre, mais les 50.000 soldats boers ne font pas le poids face aux 400.000 Anglais bien équipés en armes. De nombreuses fermes boers sont incendiées et leurs champs détruits, les femmes et les enfants sont envoyés dans des camps de concentration. Ils sont 27 000 à y mourir en raison des conditions désastreuses qui règnent dans les camps. La Grande-Bretagne gagne la guerre et intègre les républiques à l'Empire britannique, après que les Boers se soient rendus et que des protestations se soient élevées dans le pays au sujet des camps de concentration.

Révolte des boxeurs en Chine

Dans la Chine occupée par les puissances coloniales, des factions, appelées "Boxers", se sont formées à partir de 1896 pour se rebeller contre les puissances étrangères (dont les États-Unis, la France, l'Italie et l'Empire allemand). Aucune des puissances coloniales ne contrôle totalement le pays, l'accent étant principalement mis sur le contrôle du commerce.

Les conflits avec la population sont principalement dus au fait que les étrangers venus de l'Ouest tentent de faire du prosélytisme chrétien en Chine et de supprimer leur culture. Les Boxers se battent d'abord contre d'autres Chinois convertis au christianisme, mais ils s'opposent ensuite aux influences étrangères en général. Les insurrections dans le nord de la Chine et dans la capitale Pékin sont contenues par des soldats et des diplomates étrangers, mais près de 23.000 Chinois et ambassadeurs étrangers meurent lors de la révolte des Boxers. Plusieurs puissances coloniales envoient des troupes en Chine, dont l'Empire allemand avec 20.000 soldats. La résistance s'effondre en 1900 et ce n'est qu'avec le traité de paix de 1901 que le calme revient dans le pays, auparavant dévasté par les puissances alliées. Les Chinois doivent payer une importante indemnité de guerre et le prince Chun est poussé à se rendre en Allemagne en signe d'expiation.

Triple Entente

La France, la Russie et le Royaume-Uni forment une alliance contractuelle avec la Triple Entente. Cette alliance défensive en matière de politique étrangère influence fortement l'évolution politique de l'Allemagne jusqu'à la Première Guerre mondiale. Au début, l'alliance n'a pas une grande influence et aucune obligation particulière n'y est liée. Les trois pays encerclent cependant géographiquement les puissances centrales, en premier lieu l'Empire allemand et l'Autriche-Hongrie, par le biais de l'Entente.

Naufrage du Titanic

Le 14 avril 1912, le paquebot RMS Titanic, réputé insubmersible, coule après avoir heurté un iceberg. Peu de temps après, la nouvelle se répand dans le monde entier et devient avec le temps une légende. En effet, avec ses 269 mètres de long, le Titanic était à la fois le plus grand et le plus rapide paquebot de son époque. Son voyage inaugural débutera le 10 avril à Southampton (Angleterre), l'itinéraire passant d'abord par des escales en France et en Irlande pour récupérer tous les passagers. Ce paquebot de luxe est équipé de grandes suites, d'un gymnase, d'une piscine, de restaurants, d'un café et d'autres équipements de confort.

Un billet de première classe coûte l'équivalent de 50.000 euros. La destination du voyage est New York, mais la traversée complète de l'Atlantique n'a pas lieu. Peu avant minuit le 14 avril, le navire heurte un iceberg dans l'Atlantique Nord et se fait découper latéralement. La température de l'eau est inférieure à 0 degré et il ne s'écoule que trois heures environ avant que le Titanic ne disparaisse sous la surface de l'océan. Il faut un certain temps pour que la gravité de la situation soit comprise sur le pont. Certains pensent qu'il s'agit simplement d'un exercice de simulation de crise. Lorsque les passagers comprennent ce qui se passe, c'est la panique. Il n'y a que 16 canots de sauvetage, l'équipage est débordé et aucun sauvetage n'est en vue. Dans l'eau glacée, il est impossible de survivre plus de 20 minutes malgré les mouvements. 1 500 personnes meurent, seules 712 personnes survivent à la catastrophe. L'épave du Titanic n'est découverte qu'en 1985, à trois kilomètres à peine au sud-est des côtes de Terre-Neuve.

Attentat de Sarajevo

Le 28 juin 1914, l'héritier du trône des Habsbourg d'Autriche-Hongrie, François-Ferdinand, et son épouse Sophie sont fusillés à Sarajevo. Auparavant, des tensions sont apparues entre l'Autriche-Hongrie et le nouveau royaume de Serbie, qui est sorti renforcé des guerres balkaniques et qui réclame désormais l'indépendance et l'expansion de l'État. Après avoir participé à des négociations politiques sur la Bosnie et l'Herzégovine, deux territoires injustement rattachés à l'Autriche-Hongrie du point de vue des Serbes, François-Ferdinand se rend à l'hôtel de ville avec sa femme dans une voiture découverte. En effet, deux attentats sont perpétrés par les sept auteurs au total. Tout d'abord, l'un d'entre eux lance une grenade à main sur la voiture, mais touche la mauvaise personne. Le trajet se poursuit. Lorsque l'automobile s'arrête quelques secondes devant un café parce que le prince Ferdinand veut changer d'itinéraire, Gavrilo Princip, 19 ans, lui tire dessus.

L'attentat est suivi d'une crise internationale, appelée crise de juillet, qui conduit à la guerre en l'espace de six semaines. L'Autriche-Hongrie déclare la guerre à la Serbie le 28 juillet, la Russie se rangeant du côté serbe. L'Allemagne déclare alors la guerre à la Russie et à la France, et peu après, la Grande-Bretagne entre dans le conflit. La Première Guerre mondiale est déclarée. En Allemagne, c'est l'euphorie, car on s'attend à ce que la guerre soit gagnée rapidement.

Première utilisation de gaz toxique

La Première Guerre mondiale apporte des innovations sans précédent - pour la première fois, des gaz toxiques sont utilisés comme arme de destruction massive, ainsi que des grenades et des mitrailleuses. C'est une guerre industrialisée. Le gaz de chlore utilisé est particulièrement dangereux, non seulement pour les soldats, mais aussi pour les civils dans les régions en guerre. Ceux qui inhalent directement le gaz sont cruellement asphyxiés, dans certaines régions des terres entières se dessèchent et des oiseaux tombent des arbres. Les personnes attaquées ne peuvent se protéger qu'avec des masques à gaz et l'aide de canaris qui donnent l'alerte en cas d'odeur de gaz.

L'utilisation de gaz toxiques est surtout considérée comme efficace parce qu'elle blesse plus souvent qu'elle ne tue. La prise en charge des blessés nécessite plus de personnel que la récupération des morts. Les blessures les plus fréquentes sont la cécité, les lésions nerveuses, les brûlures chimiques et les lésions pulmonaires. Le protocole de Genève a interdit l'utilisation d'agents chimiques en 1925, mais des gaz toxiques sont encore utilisés aujourd'hui dans les zones de guerre.

L'hiver du rutabaga en Allemagne

Durant l'hiver 1916/17, l'Empire allemand connaît une famine extrême due aux problèmes économiques de la guerre et au blocus maritime de l'Entente. La mauvaise gestion des denrées alimentaires est également fatale, de nombreux agriculteurs préférant donner leurs récoltes à leur bétail plutôt que de les vendre dans les villes en raison de l'obligation de payer le prix fort. Aucune réserve n'a été constituée avant la guerre et l'agriculture ne parvient pas à couvrir les besoins en produits. Dans de nombreux endroits, du lait dilué dans de l'eau est distribué, ainsi que de petites rations de farine et de graisse.

Durant l'hiver 1916/17, il n'y a même plus de pommes de terre, car la météo a provoqué une récolte catastrophique. Le rutabaga devient l'aliment principal, d'où l'expression "hiver du rutabaga". Contrairement à la pomme de terre, ils n'ont pas besoin d'engrais artificiels, sont robustes et raisonnablement riches en vitamines. On fabrique même des succédanés de café à partir de rutabagas séchés et râpés. Malgré cela, de nombreuses personnes souffrent de carences, car les navets ne contiennent pas assez de calories. Selon les experts, plus de 700.000 personnes meurent de malnutrition, dont de nombreux enfants, et des maladies comme la tuberculose se propagent. La faim est finalement l'une des principales raisons pour lesquelles la population perd l'envie de faire la guerre et se retourne contre l'État.

Fin de la Première Guerre mondiale

La Première Guerre mondiale, qui a coûté la vie à environ 17 millions de personnes, a fait rage en Europe, en Afrique, en Asie de l'Est, en Océanie et au Moyen-Orient de 1914 à 1918. L'enthousiasme initial de l'Allemagne pour la guerre s'estompe lorsque la guerre contre les pays de l'Entente s'éternise et devient de plus en plus brutale. Les gens meurent de faim et l'État préfère investir l'argent dans la production d'armes plutôt que de le dépenser pour ses citoyens. Il est clair depuis longtemps que la guerre ne peut plus être gagnée.

Lorsque les marins de Wilhelmshaven, fatigués par la guerre, reçoivent l'ordre d'attaquer une flotte anglaise en octobre 1918, une mutinerie éclate. La révolte des marins de Kiel se termine par ce que l'on appelle la révolution de novembre. Les soldats et les ouvriers de tout le pays se joignent aux protestations, qui se répandent comme une traînée de poudre dans tout l'empire et prennent presque l'allure d'une guerre civile. En novembre, de plus en plus de monarques d'États allemands abdiquent, y compris l'empereur. La défaite de l'Allemagne et de son allié austro-hongrois marque la fin de la Première Guerre mondiale. La monarchie allemande devient une république parlementaire et démocratique, marquée dès ses débuts par des troubles. En janvier 1919, de violents combats de rue ont lieu à Berlin, au cours desquels les dirigeants du Parti communiste allemand (KPD), Rosa Luxemburg et Karl Liebknecht, sont exécutés. Jusqu'au 13 février 1919, le pays est gouverné par un comité révolutionnaire provisoire, le Conseil des commissaires du peuple. Ensuite, le SPD Philipp Scheidemann devient chancelier, élu par l'Assemblée nationale.

Révolution d'octobre

La Russie connaît une révolution à l'automne 1917. Sous la direction de Lénine, les communistes bolcheviks prennent le pouvoir. Auparavant, des émeutes de la faim et des grèves avaient éclaté, car la population civile russe souffrait également de la guerre. Après la chute du tsar Nicolas II, le pays connaît un double pouvoir, composé d'un gouvernement provisoire et d'un conseil d'ouvriers et de soldats. Malgré la nouvelle direction, rien ne change, une situation qui profite aux bolcheviks, qui promettent la paix et le pain. Sous la direction du leader du parti Vladimir Ilitch Lénine, ils préparent le renversement du gouvernement provisoire et prennent le pouvoir les 24 et 25 octobre. Bien que peu de sang soit versé lors du coup d'État, les bolcheviks le glorifient après coup. Après une guerre civile brutale avec l'Opposition blanche, ils fondent en 1922 l'Union soviétique, un État socialiste qui deviendra une superpuissance et un adversaire de l'Occident au cours des décennies suivantes.

Grippe espagnole

La grippe espagnole fait des ravages en trois vagues de 1918 à 1920, faisant plus de 30 millions de morts, soit plus que la Première Guerre mondiale. L'Allemagne, affaiblie par la famine hivernale, est particulièrement touchée. En réalité, le virus de la grippe n'est pas originaire d'Espagne mais, selon certaines hypothèses, du Kansas, aux États-Unis, où les premiers cas sont apparus en mars 1918. L'Espagne a toutefois été le premier pays à écrire sur le virus - dans d'autres parties du monde, les médias n'étaient pas autorisés à parler de la maladie pour ne pas saper davantage le moral pendant la guerre.

La grippe se propage rapidement par le biais des navires de troupes, et la contagion par la toux et les éternuements n'épargne personne. Les symptômes comprennent des maux de tête, des douleurs articulaires, de la fièvre et de la toux, ainsi que des pneumonies dans de nombreux cas. En raison d'un manque d'oxygène, la peau des personnes touchées prend souvent une couleur bleu foncé ou violette, d'où les rumeurs de réapparition de la peste. Les bébés, les jeunes enfants, les personnes très âgées et les personnes très robustes âgées de 20 à 40 ans sont les plus susceptibles de mourir de la grippe espagnole, ce qui laisse de nombreux médecins perplexes. Il n'existe pas de véritable vaccin contre la maladie, qui est finalement vaincue principalement par des mesures de quarantaine.

Traité de paix de Versailles

Lors de la conférence de paix de Paris en 1919, un traité de paix est signé entre les pays de l'Entente et les perdants de la Première Guerre mondiale. Ce traité, perçu comme injuste par les Allemands, donne lieu par la suite à des conspirations contre la nouvelle république et l'étranger, car il humilie les perdants et les rend économiquement et moralement responsables des horreurs de la guerre. La légende dite du "coup de poignard dans le dos", en particulier, change radicalement le cours de la première moitié du XXe siècle.

Cette théorie du complot naît du fait que les principaux responsables militaires ne veulent pas assumer la responsabilité de la défaite au combat, bien que le commandement suprême de l'armée ait lui-même demandé au gouvernement du Reich, à l'automne 1918, de négocier un armistice parce que les troupes allemandes ne tenaient plus. Par coup de poignard dans le dos, on entend que l'armée était en fait invaincue sur le front, mais que les appels à la paix venant de la patrie, ainsi que les sabotages et l'agitation politique de la gauche, la poignardaient dans le dos. Les partis de droite, comme le NSDAP, diffusent la légende du coup de poignard dans le dos pour inciter à la haine contre les représentants de la République de Weimar. Beaucoup de gens acceptent ce récit sans se poser de questions, car le fait que l'Allemagne ait perdu la guerre est un choc pour eux. Les soldats qui ont survécu à la guerre se sentent valorisés par la théorie du complot et considèrent la mort de leurs camarades non pas comme inutile mais comme héroïque. Une grande partie de la population est fermement convaincue que la guerre aurait pu être gagnée si les juifs et les sociaux-démocrates n'avaient pas joué un mauvais tour aux soldats.

1920 - 1930

Création de la Société des Nations

Le 10 janvier 1920, la Société des Nations (SDN) est créée à l'issue de la Conférence de la paix. Elle regroupe initialement 32 États signataires du traité de Versailles et 13 États neutres. L'objectif de la Société des Nations est de renforcer la coopération entre les États et de garantir ainsi la paix. Une guerre catastrophique comme la Première Guerre mondiale, qui vient de s'achever, ne doit plus jamais avoir lieu. Jusqu'en 1937, 21 nouveaux Etats membres rejoignent la Confédération, l'Empire allemand adhérant en 1926. Au début, la Société des Nations parvient à mettre fin aux conflits frontaliers européens et à lutter contre des problèmes tels que la criminalité liée à la drogue et la traite des êtres humains. Parallèlement, elle soutient une politique coloniale, en attribuant par exemple des colonies allemandes perdues par le Reich après la guerre à d'autres grandes puissances.

Jusqu'à l'éclatement de la Seconde Guerre mondiale, la Société des Nations a perdu massivement de son influence, plusieurs pays, dont l'Allemagne et le Japon, s'en retirent et, en dernier ressort, une autre guerre mondiale n'est pas évitée. Après cela, la Société des

Nations se dissout et est remplacée par les Nations Unies (ONU).

République de Weimar

La République de Weimar est fondée en 1918 et la première constitution démocratique d'Allemagne est adoptée le 11 août 1919 par l'Assemblée nationale à Weimar. Elle consacre les libertés et les droits fondamentaux, dont certains remontent à la Révolution allemande. Malgré cela, la Constitution n'est pas tout à fait démocratique par rapport aux normes actuelles. Le président du Reich, également appelé "empereur de substitution", a le pouvoir de suspendre les droits fondamentaux. Dès le début, la République doit faire face à des difficultés politiques internes, de nombreux partis refusent de former des coalitions et la population se montre généralement sceptique vis-à-vis de la nouvelle forme de gouvernement. Plusieurs tentatives de coup d'État ont lieu jusqu'en 1923. La situation économique se dégrade également, car les séquelles de la Première Guerre mondiale pèsent lourdement sur le pays au cours des premières années.

La République doit payer 132 milliards de marks-or en guise de réparation de guerre. Comme elle n'y parvient pas, les troupes françaises et belges occupent la Ruhr, achetant des matières premières et augmentant encore la dette publique. Cela conduit à une hyperinflation, le mark perdant rapidement de sa valeur - 1 dollar équivaut soudain à 4,21 billions de Reichsmark. Seule une réforme monétaire permet de sauver la situation, si bien qu'à partir de 1924, on assiste à une stabilisation qui marque le début des "Goldene Zwanzahre" (années 20).

Prohibition aux États-Unis

De 1920 à 1933, il est interdit de produire, de transporter ou de vendre de l'alcool aux États-Unis. Cette interdiction est motivée par les protestations de groupes religieux, la montée de l'alcoolisme et la nécessité d'utiliser la production de céréales après la guerre, principalement pour l'approvisionnement alimentaire. En fait, les Américains boivent plus que jamais pendant cette période. De nombreux contrebandiers trouvent des moyens créatifs d'apporter de l'alcool aux Américains.

Tous ne se font pas prendre et beaucoup s'enrichissent grâce à la contrebande d'alcool. Les habitudes de consommation changent également, les hommes et les femmes buvant plus souvent ensemble. Des "speakeasies", des débits de boissons clandestins où la corruption et le marché noir prospèrent, voient le jour.

Pour transporter des quantités d'alcool, des bouteilles sont parfois cachées dans des pains ou des jarretières sur le corps, et même des carcasses de porc sont utilisées comme cachettes. Après de nombreuses protestations, des intoxications dues à une baisse rapide de la qualité de l'alcool et des crises économiques, le président Hoover abolit finalement la prohibition.

L'âge d'or des années 20

Après la fin de l'hyperinflation dans la République de Weimar, une période de fête commence pour beaucoup. Les Goldene Zwanze sont marquées par le jazz, le naturisme, une période d'effervescence culturelle et d'ivresse. Les artistes et les intellectuels cherchent de nouvelles formes d'expression et rompent avec les anciennes traditions de l'Empire. La nouvelle objectivité, qui met l'accent sur les thèmes de la critique sociale, est à l'ordre du jour.

Les politiques veulent également sortir l'Allemagne des schémas de pensée conservateurs et l'intégrer davantage dans la communauté européenne par le biais de mesures de politique étrangère. De nombreuses femmes prennent de l'assurance et le montrent en se maquillant, en portant des coiffures courtes et en fumant en public. Inspirés par la culture américaine, les modes de vie deviennent plus permissifs et de nouveaux médias de masse, comme le cinéma, s'établissent. Mais tous les citoyens n'ont pas la possibilité de s'amuser ; la plupart luttent encore contre le traumatisme et les conséquences économiques de la guerre.

Crise économique mondiale

Le krach boursier du 25 octobre 1929 à New York, également appelé "vendredi noir", marque le début de la crise économique mondiale en octobre 1929. Les conséquences en Allemagne sont désastreuses, les crédits américains sont retirés aux Allemands. Des millions de personnes perdent leur emploi et les banques s'effondrent.

Les années folles sont définitivement terminées. La politique de déflation du chancelier Heinrich Brüning ne fonctionne pas, ce qui fait le jeu des partis d'extrême droite comme le NSDAP. La Grande Coalition, composée du SPD, du Zentrum, du DVP et du DDP, s'effondre et aucune autre coalition n'est formée, ce qui incite le président Paul von Hindenburg à faire usage du droit de décret d'urgence. Le gouvernement est alors mis en place sans l'accord du Parlement, la démocratie est donc suspendue. La crise économique mondiale entraîne donc la perte de la démocratie en

Allemagne, le NSDAP monte en puissance et la République de Weimar touche à sa fin.

1930 - 1940

L'ascension d'Hitler

Pendant des années, les nazis ont tenté de s'emparer du pouvoir en Allemagne par la force. Lorsque cela ne fonctionne pas, ils passent à une prise de pouvoir légale et renoncent aux assauts et aux tentatives de coup d'État. Le 30 janvier 1933, Adolf Hitler est nommé chancelier par le président Paul von Hindenburg, les nationaux-socialistes étant devenus le groupe parlementaire le plus important l'année précédente. Ils avaient profité du mauvais climat contre la République de Weimar pour se constituer un vaste électorat.

Après des années d'insécurité au sein de la République et avec le chômage de masse qui règne désormais, le peuple aspire à un leader fort qui redonne au pays sa prospérité. En l'espace de quelques mois, le parti nazi transforme la démocratie en une dictature totalitaire, avec des décrets d'urgence et une mise au pas, c'est-à-dire une intégration forcée de toutes les forces économiques, politiques et sociales dans son organisation. Les opposants politiques, en particulier les responsables du KPD et du SPD, sont au mieux rançonnés et licenciés, au pire torturés et assassinés. La croix gammée s'affiche sur les drapeaux de presque tous les bâtiments, et en 1935, elle devient l'unique emblème du Reich allemand. La presse, le cinéma et la radio doivent servir à la propagande du parti nazi qui, sous la direction du chef de la propagande du Reich Joseph Goebbels, influence délibérément la population. Les enfants sont radicalisés dès leur plus jeune âge en étant formés idéologiquement dans l'esprit du Troisième Reich en tant que membres de la Hitler-Jugend. Pratiquement tous les aspects de la vie sont déterminés et gérés par les nationaux-socialistes.

Pour beaucoup, c'est le tournant dont l'Allemagne avait besoin. En janvier 1935, le NSDAP compte près de 2,5 millions d'adhérents. Les uniformes des SS et des jeunesses hitlériennes sont confectionnés par Hugo Boss.

Guerre civile en Espagne

Alors que le régime nazi en Allemagne transforme radicalement le pays, l'Espagne est en proie à la guerre civile de 1936 à 1939. Sous le général conservateur Francisco Franco, une révolte éclate contre le gouvernement républicain de gauche espagnol. Hitler intervient dans la guerre en 1936, alors que le coup d'État est déjà presque écrasé. La raison en est son désir de faire progresser le fascisme en Europe. Il prévoit l'expansion du Reich et craint une Espagne communiste ou socialiste qui pourrait s'allier à ses ennemis. Il est également motivé par ses liens avec l'Italie fasciste, qui soutient également Franco en Espagne. Soutenu par le Reich et l'Italie, avec leur aviation et leurs chars, Franco gagne la guerre en 1939, ce qui marque le début de sa dictature.

Lois de Nuremberg

Les lois raciales de Nuremberg servent de base de légitimation pour la persécution et l'assassinat des Juifs. La loi pseudo-scientifique "Blutschutzgesetz" (loi sur la protection du sang) prescrit l'antisémitisme dans la loi. Le mariage entre des Juifs et des "citoyens de sang allemand" est sanctionné. Pour les nazis, peu importe qui se considère comme juif ou non, seules comptent les catégories biologiques et idéologiques imprégnées de leur racisme. Les personnes sont classées en différentes catégories de juifs en fonction de leur ascendance de grands-parents juifs. Les convictions antisémites du NSDAP ne sont pas un secret, son programme de 1920 indique déjà clairement que les personnes juives ne peuvent pas faire partie de la communauté nationale. Au plus tard en 1938, les juifs allemands ont perdu tous leurs droits fondamentaux, bien que le raisonnement des nazis se fonde sur des hypothèses arbitraires et non scientifiques.

Les Jeux olympiques à Berlin

En 1936, les Jeux olympiques sont organisés à Berlin. L'Allemagne nazie se montre ouverte et accueillante, malgré les critiques déjà naissantes à l'encontre du régime. Goebbels prépare le pays à l'arrivée de la presse ; pendant la durée des Jeux, on ne trouve aucune incitation contre les Juifs dans les journaux ou autres médias, deux "demi-Juifs" sont intégrés à la troupe des athlètes allemands. Les Jeux sont accompagnés d'événements culturels, ce qui est bien accueilli par les invités étrangers. L'équipe olympique du Reich allemand remporte finalement 33 médailles d'or, la plupart dans les disciplines de la gymnastique, de l'athlétisme et de l'aviron.

Ce qui ne convient pas aux nationaux-socialistes, c'est l'athlète Jesse Owens, un Noir américain qui, avec quatre médailles d'or, est l'athlète le plus titré.

Nuit de pogrom

Dans la nuit du 9 au 10 novembre 1938, des centaines de synagogues brûlent dans le Reich, des habitations et des magasins juifs sont détruits et des juifs eux-mêmes sont tués. Les nationaux-socialistes ne cachent plus leur antisémitisme. De nombreux Allemands profitent de cette terreur, car depuis des années, les théories du complot et la propagande de droite consolident en eux la haine des Juifs, de plus, de nombreux biens des personnes persécutées leur reviennent.

Cet événement a longtemps été appelé "Nuit de cristal", mais on parle aujourd'hui de "Nuit des pogroms" car, selon les experts et les survivants de l'Holocauste, le premier terme occulte les atrocités commises par les nazis et est davantage associé à des lustres qui se brisent qu'à des existences détruites et des personnes assassinées.

Début de la Seconde Guerre mondiale

Le 1er septembre 1939, la Seconde Guerre mondiale débute avec le Blitzkrieg sur la Pologne par les nazis. Depuis longtemps déjà, Hitler prévoit d'envahir des territoires à l'est. Au début, la propagande nazie ne parle pas encore de guerre, mais seulement d'une "action punitive" sur la Pologne en raison de prétendues violations de frontières et de provocations. Pourtant, tout le monde sait ce qui se prépare.

Beaucoup suivent les événements avec inquiétude, car les souvenirs de la Première Guerre mondiale et de ses conséquences désastreuses remontent à la surface. D'autres sont sûrs de la victoire dès le début et font confiance à la force de la Wehrmacht. Cependant, la lutte avec les puissances occidentales sera brutale et bien plus importante que ce que les nazis avaient prévu. La Grande-Bretagne, en particulier, s'avère être un adversaire redoutable, dont les troupes sont motivées par le Premier ministre Winston Churchill à tenir bon. Le Reich se heurte également à ses limites dans la guerre contre l'Union soviétique, qui forme une coalition solide avec les États-Unis et la Grande-Bretagne à partir de 1942. Le moral de la population s'effrite, surtout après la défaite allemande à Stalingrad en 1943, mais on appelle tout de même une nouvelle fois à la "guerre totale". De nombreux citoyens croient encore à la victoire, les attaques aériennes des Alliés attisent la haine envers les ennemis. Pourtant, la défaite militaire du Troisième Reich est prévisible depuis longtemps.

1940 - 1950

Holocauste

Dès les années 1930, les nazis ont commencé à construire des camps de concentration et de travail. C'est là que se déroule en grande partie l'Holocauste, également appelé Shoah - le génocide des Juifs. En 1942, la conférence de Wannsee décide de la "solution finale de la question juive" et coordonne la suite de l'organisation de l'holocauste qui a commencé. La guerre n'empêche pas les nazis d'atteindre l'objectif d'Hitler d'exterminer tous les Juifs d'Europe. Au cours des années suivantes, des millions de personnes perdent la vie dans les horribles camps de travail et centres de mise à mort, au moins 1,1 million rien qu'à Auschwitz. Les victimes des camps de concentration sont principalement des Juifs, des prisonniers politiques, des homosexuels et des Tziganes, qui se voient dépouillés de tous leurs biens avant d'être déportés en masse et emmenés en train vers les camps. Dans les chambres à gaz, ceux qui sont trop faibles pour travailler dur sont tués par le Zyklon B, un gaz qui provoque une mort atroce par asphyxie.

Environ 80 % des nouveaux arrivants à Auschwitz sont assassinés immédiatement en 1942, on leur dit qu'ils seront simplement désinfectés dans les chambres. Parmi les victimes figurent de nombreux enfants, femmes et vieillards. Une fois leurs dents en or arrachées, leurs prothèses retirées et leurs cheveux rasés, leurs corps sont incinérés dans des fours crématoires ou dans des fosses spécialement conçues à cet effet. Les esclaves de travail doivent vivre dans des logements surpeuplés et meurent généralement peu après leur arrivée à cause de la dureté de leur travail, de maladies ou de gardiens sadiques. Les quelque 6.5000 SS qui travaillent à Auschwitz de 1940 à 1945 vivent généralement avec leurs familles sans souci, tout près du camp.

Alors que la fin de la guerre approche, plusieurs dizaines de milliers de détenus d'Auschwitz-Birkenau sont contraints de marcher vers l'Ouest. De nombreux prisonniers meurent également lors de cette marche de la mort vers le territoire du Reich. Auparavant, les SS avaient encore assassiné plusieurs milliers de détenus en une nuit et tenté de détruire toute preuve. Le 27 janvier 1945, le camp de concentration est libéré par les soldats de l'Armée rouge, il ne reste plus que 7.000 personnes sur place. Ce jour est aujourd'hui une journée internationale de commémoration de l'Holocauste. Jusqu'à la fin du Troisième Reich, 6 millions de Juifs ont été tués.

Mouvements de résistance

De nombreux citoyens profitent de la politique d'Hitler et, pendant longtemps, ne voient aucune raison de se rebeller contre le régime. Néanmoins, de nombreux mouvements de résistance se forment pendant la période nazie, comme la "Rose blanche", la "Chapelle rouge" ou le "Kreisauer Kreis". Les membres de ces organisations doivent craindre pour leur vie, car les nazis tentent par tous les moyens d'"éliminer" les dissidents. La résistance de la population civile s'exprime surtout par de petites actions et des appels à la rébellion. Le couple Elise et Otto Hampel, par exemple, distribue à Berlin des cartes postales et des papiers condamnant le nazisme et appelant à la résistance.

Les frères et sœurs Hans et Sophie Scholl, membres du groupe d'étudiants munichois de la Rose blanche, sont devenus tragiquement célèbres après avoir été surpris en train de distribuer des tracts et exécutés en février 1943. Des intellectuels émigrés comme Thomas Mann s'opposent également aux nazis depuis la protection de l'exil. En Allemagne, des hommes d'église comme Dietrich Bonhoeffer ou Martin Niemöller se sont également opposés aux nazis.

Attaque de Pearl-Harbor

Le 7 décembre 1941, les forces aériennes navales japon-
aises lancent une attaque surprise contre la base navale
de Pearl Harbor sur l'île hawaïenne d'Oahu. Plus de
2.000 personnes meurent au cours de la bataille. Parmi
elles, 1 100 ont trouvé la mort sur l'USS Arizona, un
puissant navire de guerre qui a été touché par une
bombe et a rapidement coulé. Les marins survivants du
navire ont été autorisés à disperser leurs cendres sur
l'épave après leur mort. Aujourd'hui encore, des
théories de conspiration entourent l'attaque, notamment parce que les États-Unis entrent en guerre mondiale après Pearl Harbor. Le président Roosevelt aurait
été au courant de l'attaque et l'aurait utilisée pour avoir
une raison d'entrer en guerre. Il n'existe toutefois
aucune preuve solide à cet égard. Ce qui est certain,
c'est que l'attaque de Pearl Harbor est l'un des événements les plus importants de la Seconde Guerre mondiale et qu'elle est gravée dans la mémoire collective
des Américains.

D-Day

Le 6 juin 1944, date à laquelle les Alliés ont pris d'assaut
Omaha Beach sur la côte normande, est entré dans
l'histoire sous le nom de D-Day. Il s'agit de la plus

grande invasion d'une armée de débarquement de tous les temps. Près de 150.000 Américains, Français, Britanniques, Canadiens et Polonais débarquent sur cinq plages différentes. Au début, Hitler pense que l'invasion n'est qu'un leurre. Mais les troupes ne plaisantent pas. Ils combattent l'ennemi avec des avions, des bateaux, des parachutistes, des véhicules et des soldats.

Les Alliés parviennent à relier les cinq sites de débarquement en un front continu d'une longueur totale de 100 kilomètres et d'une profondeur de 30 kilomètres avant le 12 juin. Même lorsque l'ampleur de l'invasion est claire, Hitler ne soutient pas les troupes allemandes en Normandie. Malgré cela, la lutte à l'intérieur du pays n'est pas facile, des unités d'infanterie allemandes isolées contrecarrent régulièrement les plans des troupes alliées. Cependant, le 31 juillet, ces dernières percent le front allemand à Avranches, permettant ainsi une guerre de mouvement qui conduira plus tard à la libération de la France. Les combats du jour J et d'après le jour J marquent ainsi la fin de la Seconde Guerre mondiale.

Attentat de Stauffenberg

Le 20 juillet 1944, l'officier de la Wehrmacht Claus Schenk Graf von Stauffenberg tente de tuer Adolf Hitler à l'aide de charges explosives dans le quartier général du Führer, Wolfsschanze. L'assassinat de cet officier de carrière est considéré comme la tentative de renversement la plus importante de l'époque nazie. Stauffenberg n'agit pas seul. Plus de 200 personnes sont impliquées dans la planification de l'acte, dont des officiers, des ecclésiastiques, des fonctionnaires et des socialistes. Mais la tentative de coup d'État échoue et Hitler n'est que légèrement blessé, tandis que Stauffenberg est tué peu après. Bien qu'il soit considéré comme l'attentat le plus connu contre le Führer, il n'est pas le seul. Adolf Hitler a survécu à au moins 39 attaques jusqu'en 1945.

Fin de la Seconde Guerre mondiale

Le 8 mai 1945, la Seconde Guerre mondiale prend fin avec la déclaration de capitulation de l'armée allemande. Le monde respire après des années de combats et de destruction des villes, environ 60 millions de personnes sont mortes pendant la Seconde Guerre mondiale. Mais après l'heure zéro, le cauchemar est loin d'être terminé pour les Allemands. Dans le pays des perdants, la nourriture et les vêtements manquent, beaucoup ont perdu leur maison et errent dans les villes détruites.

Le 30 avril 1956, Hitler s'est donné la mort, le pays est sans dirigeant et épuisé. Les trois grandes puissances victorieuses, représentées par Winston Churchill, Joseph Staline et Franklin D. Truman, décident d'organiser la guerre. Roosevelt et Harry S. Truman mettent en place la dénazification et divisent le pays en quatre zones d'occupation. Une administration panallemande n'est pas mise en place, les politiques divergentes des États-Unis, de la France, de la Grande-Bretagne et de l'URSS posent les bases de la guerre froide et de la division de l'Allemagne des années plus tard.

Procès de Nuremberg

Jusqu'en octobre 1946, les procès des principaux criminels de guerre de la Seconde Guerre mondiale se déroulent à Nuremberg. Près de 200 nazis issus de l'administration, de l'armée, de la politique et de l'économie sont accusés au total, et douze d'entre eux sont condamnés à la peine de mort. L'examen des crimes de guerre et des meurtres commis dans les camps de concentration est un énorme défi juridique, dont même les accusés s'étonnent. Beaucoup d'entre eux pensaient qu'ils seraient immédiatement fusillés sans procès.

Parmi les plus éminents d'entre eux figurent l'adjoint d'Hitler, Rudolf Hess, et le Reichsmarschall Hermann Göring. La dénazification de l'ensemble de la population allemande constitue également un défi, car si chaque criminel national-socialiste était arrêté, l'administration du pays serait impossible. Les citoyens répondent à des questionnaires pour indiquer leur degré de participation aux crimes. Beaucoup échappent ainsi à leur juste châtiment et continuent à vivre dans l'Allemagne d'après-guerre sans être inquiétés.

Pont aérien de Berlin

De juin 1948 à mai 1949, les forces d'occupation soviétiques bloquent les voies terrestres et fluviales vers Berlin-Ouest. La raison en est l'introduction du Deutsche Mark, qui ne convient pas à Staline. Il veut renforcer sa revendication sur Berlin. Pendant cette période, les Alliés occidentaux approvisionnent Berlin par un pont aérien, pendant presque une année entière. Plus de deux millions de tonnes de nourriture sont distribuées par les "bombardiers à raisins" au cours de 277.000 vols au-dessus de la ville, jusqu'à ce que Staline mette fin au blocus en mai 1949 et comprenne qu'une partition est inévitable.

Création de la RFA et de la RDA

Le 23 mai 1949, la République fédérale d'Allemagne est créée et la Loi fondamentale de la RFA entre en vigueur en même temps. Cette décision est principalement due aux divergences d'opinion entre les puissances victori-euses, principalement les États-Unis et l'Union so-viétique. Alors que les États-Unis souhaitent créer un "espace économique unifié", l'économie socialiste pla-nifiée est déjà mise en place à l'Est. Le blocus de Berlin provoque alors la scission définitive du gouvernement quadripartite et la création d'un double État est prévi-sible.

Le 7 octobre de la même année, la République dé-mocratique allemande est fondée. Contrairement à la RFA, qui correspond à une démocratie parlementaire, la RDA est une dictature du Parti socialiste unifié d'Al-lemagne (SED). Jusqu'en 1990, l'Allemagne est divisée en deux États.

1950 - 1960

Mort de Staline

La mort de Staline au printemps 1953 met fin à des décennies de dictature d'épuration et de terreur. La soidisant "dictature rouge" de Joseph Staline restera dans l'histoire comme l'un des pires crimes de l'humanité. Après sa prise de pouvoir en 1924, Staline fait assassiner des opposants politiques et les efface complètement de la mémoire collective de la population, en détruisant ou en retouchant des photos et en niant des existences. Il fait souffrir son peuple, veut imposer une collectivisation forcée des paysans russes et déclenche une famine. Pendant la Seconde Guerre mondiale, il fait partir des troupes de l'Armée rouge mal équipées pour combattre Hitler. Il déporte des millions de personnes dans les goulags, des camps de concentration à l'intérieur de l'URSS, où les ennemis et les critiques de Staline devaient travailler et mourir. Ce système de répression a non seulement coûté la vie à près de 4,5 millions de personnes, mais il était également extrêmement inefficace et témoignait de l'arriération de la Russie.

Malgré cela, un culte de la personnalité se développe autour de Staline. Le dictateur est dépeint comme le sauveur du peuple et est vénéré par beaucoup. Cette admiration diminue après sa mort et l'Union soviétique est déstalinisée.

Le "miracle de Berne

En juillet 1954, l'Allemagne devient championne du monde de football pour la première fois en Suisse. En finale, l'équipe nationale de football d'Allemagne fédérale l'emporte sur l'équipe nationale de Hongrie par 3 à 2. L'Allemagne est en liesse, car cette victoire renforce l'estime de soi de la nation, en particulier en Allemagne de l'Ouest. Après coup, cet événement est souvent considéré comme la véritable naissance de la République fédérale d'Allemagne.

Miracle économique

Grâce au premier ministre de l'économie de la RFA, Ludwig Erhard, la prospérité revient en Allemagne dans les années 1950. Les raisons en sont principalement une réforme monétaire, le concept d'économie sociale de marché et l'augmentation de la production industrielle. A partir de 1950, le chômage, qui dépassait les 12%, diminue de plus en plus et le plein emploi est atteint dès la fin des années 50. La crise du logement diminue également et les personnes socialement défavorisées commencent à recevoir une aide de l'État.

L'économie intérieure est stimulée par une forte demande de biens d'exportation, le commerce extérieur devient de plus en plus important. La consommation des citoyens est en plein essor grâce à de nouvelles innovations techniques pour la vie quotidienne et à des symboles de statut social alléchants. Après des décennies de guerre et de pauvreté, les Allemands veulent vivre et acheter en toute sérénité. Mais tout n'est pas rose ; il y a aussi des protestations et des conflits du travail, car les grandes entreprises profitent nettement plus de la reprise que les salariés, et on se bat pour de meilleures conditions de travail. Les heures de travail doivent être plus courtes, les travailleurs veulent plus de sécurité sociale et les femmes demandent à être payées autant que les hommes.

Fuite de la République

De nombreuses personnes ont été durement touchées par la division de l'Allemagne. Jusqu'en 1990, environ 3,8 millions de personnes fuient la RDA, le plus souvent illégalement et par des voies dangereuses. Dès la construction du mur, de nombreux citoyens prennent la fuite et se réfugient à l'Ouest avec seulement quelques affaires, après l'annonce de la fermeture de la partie Est de Berlin par l'Ouest.

Le franchissement illégal de la frontière est puni de différentes manières, dans les cas mineurs par une amende ou jusqu'à deux ans d'emprisonnement et dans les cas graves par jusqu'à huit ans d'emprisonnement. Pour certains, la situation est encore pire : plus de 100 personnes sont abattues alors qu'elles tentent de fuir.

Spoutnik 1

En octobre 1957, le premier satellite est envoyé dans l'espace par l'Union soviétique. Spoutnik 1 suscite l'inquiétude des Américains, également en lice pour la domination de l'espace. Les réactions politiques et sociales à Spoutnik 1 sont également appelées "choc des spoutniks", car à l'époque de la guerre froide, l'espace est représentatif de la course entre l'Est et l'Ouest.

En réaction, la NASA est créée en Amérique et le système éducatif des États est bouleversé, car toute la nation est d'accord sur le fait qu'il doit y avoir plus de cerveaux capables de tenir tête à l'Union soviétique, et pas seulement dans l'espace. La prise de conscience que l'Est est désormais manifestement en mesure de lancer des missiles nucléaires intercontinentaux sur les États-Unis contribue également à la panique.

1960 - 1970

Scandale de la thalidomide

En 1961 et 1962, l'un des plus grands scandales pharmaceutiques est révélé en RFA. Le tranquillisant Contergan a été recommandé aux femmes enceintes, bien qu'il ait provoqué des malformations in utero. Le médicament devait être pris en cas de nervosité, de troubles du sommeil et de nausées, en plus d'être utilisé pour augmenter l'excitabilité sexuelle des femmes.

Le médicament a été un succès économique, surtout en Allemagne de l'Ouest. Pourtant, les effets secondaires sont fatals, car il endommage les nerfs et le développement des embryons, de sorte que les membres et les organes internes ne se forment pas correctement. Ce n'est que trois ans après la naissance des premiers "enfants thalidomide" que le scandale éclate. A ce jour, 2.500 personnes ont survécu à la thalidomide avec des malformations parfois graves.

La folie des Beatles

Dans les années 1960, le groupe pop britannique des Beatles suscite l'enthousiasme dans le monde entier. La "Beatlesmania" touche également l'Allemagne. En 1966, les Fab Four passent trois jours dans le pays et déclenchent une véritable hystérie. Au début des années 1960, ils avaient déjà passé deux ans à Hambourg, où ils se produisaient en permanence dans des boîtes de nuit et développaient leur son unique.

Lorsqu'ils posent à nouveau le pied sur le sol allemand, ils sont littéralement poursuivis par leurs fans adolescents, pour la plupart des femmes, leurs hôtels sont assiégés et les cris ne cessent de fuser. Ce sont surtout les citoyens plus âgés de l'Allemagne poussiéreuse d'après-guerre qui s'étonnent de cette hystérie.

Début de la construction du mur

La construction du mur de Berlin commence en août 1961. L'objectif est d'empêcher les gens de fuir d'Est en Ouest. Le mur de Berlin, long de 46 kilomètres, devient le symbole de la guerre froide et durera plus de 28 ans. En juin 1961, le chef du SED Walter Ulbricht proclame encore : "Personne n'a l'intention de construire un mur", un mensonge éhonté. Toutes les voies de communication entre Berlin-Ouest et Berlin-Est sont coupées, en peu de temps les quartiers sont complètement fermés et des postes-frontières sont construits. Le mur sépare la famille et les amis et signifie la mort pour certains. Entre 1961 et 1989, au moins 136 personnes sont tuées sur le Mur de Berlin.

"Ich bin ein Berliner" (Je suis berlinois)

En juin 1963, le président américain John F. Kennedy se rend à Berlin-Ouest pour exprimer sa solidarité. Le monde se trouve dans une phase chaude de la guerre froide entre l'Est et l'Ouest, les habitants de la partie ouest de la ville de front de Berlin sont à nouveau coupés du monde par le mur de Berlin. Kennedy veut éviter de faire des déclarations définitives sur la situation et choisit donc dans son discours la bonne vieille méthode qui consiste à annoncer quelque chose dans la langue du pays.

Sa phrase "Ich bin ein Berliner" entre dans l'histoire, les quelque 400 000 Berlinois de l'Ouest réunis devant la mairie de Schöneberg sont enthousiastes. Ils se sentent confirmés par le chef d'État et protégés contre le pouvoir du communisme, même si le reste du discours est vite oublié. La RDA n'apprécie pas du tout le discours de Kennedy, qu'elle considère comme une provocation.

Guerre du Vietnam

Pendant ce temps, la guerre du Vietnam, qui a commencé en 1955 et ne devait se terminer qu'en 1975, fait toujours rage. Il s'agit moins du conflit entre le Nord et le Sud du Vietnam que de l'influence de l'Union soviétique communiste et des États-Unis en Asie.

Pour les États-Unis, la guerre est particulièrement
importante, ils soutiennent le Sud-Vietnam et veulent
repousser le Nord communiste. Ils agissent de manière
extrêmement brutale, surtout contre la population civile. Les attaques aériennes et les troupes au sol font
bientôt partie du quotidien des Vietnamiens, le défoliant chimique napalm fait des ravages et les pays Laos
et Cambodge sont également déstabilisés par la guerre.
Lorsque les premières images et vidéos de l'horreur
font le tour du monde, de vives protestations se font
entendre aux États-Unis et dans d'autres pays. En effet,
les nouvelles technologies ne rendent pas seulement
les groupes militaires plus efficaces, elles permettent
également de ne plus laisser de telles atrocités se dérouler à l'abri des regards à plusieurs milliers de kilomètres de là. En 1971, les États-Unis se retirent du
Viêt Nam et la guerre prend fin en 1975 lorsque le Viêt
Nam du Nord s'empare de Saigon. Plus de 3 millions de
soldats et de civils sont morts à cette date.

Mouvement de 68

À la fin des années 1960, les protestations contre les
violations des droits de l'homme, les idées nazies, le

sexisme et la guerre du Vietnam prennent de l'ampleur. Les étudiants de gauche, en particulier, protestent contre les valeurs des anciennes générations et les pouvoirs dirigeants. Ils déplorent que nombre de leurs professeurs aient été ou soient encore des nazis et réclament une étude approfondie du nazisme.

Rudi Dutschke, qui se considère comme un révolutionnaire et tient des discours appelant au renversement de la société de classe, devient l'incarnation du mouvement. Il appelle parfois à la violence, qu'il juge légitime pour détruire la violence déjà en place. La plupart des protestataires pratiquent cependant des sit-in et des teach-in pacifiques, c'est-à-dire qu'ils assiègent des places publiques et des locaux universitaires, tiennent des réunions et défilent dans les rues des grandes villes. Cependant, même les partisans pacifiques du mouvement étudiant ont recours à la violence lorsque la police ouvre le feu et tue Benno Ohnesorg, 26 ans, lors d'une manifestation à Berlin et qu'un attentat est perpétré contre Rudi Dutschke à peine deux ans plus tard. Après d'autres grandes manifestations, le mouvement s'essouffle, principalement en raison d'une fragmentation interne.

Alunissage

Dans la nuit du 20 au 21 juillet 1969, un homme marche pour la première fois sur la Lune. Son nom est Neil Armstrong et il restera dans les livres d'histoire avec sa phrase "Un petit pas pour un homme, mais un bond de géant pour l'humanité". 500 millions de téléspectateurs suivent avec passion la mission de la fusée Apollo 11. Au total, trois personnes se trouvent sur la Lune, outre Neil Armstrong, Edwin "Buzz" Aldrin et Michael Collins.

Au total, les spationautes passeront 21 heures sur la Lune. Pour les États-Unis, il s'agit d'un événement important, car jusqu'à présent, l'Union soviétique était en tête de la course à la conquête spatiale avec Spoutnik 1 et le premier homme dans l'espace. Ce qui ne doit pas être passé sous silence : Bien que l'astronautique soit fortement dominée par les hommes dans les années 1960, les femmes ont également contribué de manière significative à la première mission lunaire. En particulier Katherine Johnson, coresponsable du calcul de la trajectoire autour de la Lune et l'une des rares femmes scientifiques afro-américaines à la NASA. Depuis 1969, il n'y a eu que peu d'autres missions lunaires habitées, la dernière ayant eu lieu en 1972.

1970 - 1980

Traités avec l'Est

Au début des années 1970, plusieurs traités avec l'Est sont conclus, dans lesquels la République fédérale et l'Union soviétique s'accordent pour préserver la paix internationale. Le traité de Varsovie, qui régit les relations entre la RFA et la République populaire, en fait partie. Au cours des négociations, le 7 décembre 1970, le chancelier allemand Willy Brandt s'agenouille devant le mémorial des victimes de l'insurrection du ghetto de Varsovie, symbolisant ainsi la reconnaissance de la culpabilité allemande. Les images du chancelier agenouillé font le tour du monde et sont presque toutes bien accueillies. Hermann Schreiber du Spiegel écrit : "Il reconnaît alors une faute qu'il n'a pas à assumer lui-même et demande un pardon dont il n'a pas besoin lui-même. Puis il s'agenouille pour l'Allemagne".

Fraction Armée rouge

La RAF, mouvement d'extrême gauche, terrorise la RFA dans les années 1970 par des attentats. Elle proteste violemment contre le capitalisme et l'État et trouve son origine dans le mouvement de 1968. Ses membres considèrent que la lutte active par la violence et les armes est le seul moyen d'attirer l'attention sur les dysfonctionnements politiques et sociaux.

Au cœur du groupe se trouvent les fondateurs Andreas Baader, Gudrun Ensslin et Ulrike Meinhof, dont les attaques contre l'État de droit s'apparentent à celles de la guérilla urbaine sud-américaine et qui mettent en place tout un réseau terroriste autour d'eux. La terreur atteint son apogée en 1977 avec l'assassinat du procureur général Siegfried Buback, du président du conseil d'administration de la banque Jürgen Ponto et du président du patronat Hanns Martin Schleyer. Jusqu'en 1977, certains membres de la direction de la RAF sont condamnés à perpétuité à Stuttgart-Stammheim. Outre les trois membres de la RAF déjà cités, Jan-Carl Raspe est également condamné. Tous les accusés se suicident en prison, ce qui met fin à la RAF. D'autres générations suivent, mais elles sont beaucoup moins nombreuses et se dissolvent définitivement en 1998.

Affaire du Watergate

Au début des années 1970, de plus en plus d'abus de pouvoir sont découverts à la Maison Blanche, notamment des dons illégaux aux partis politiques et des écoutes téléphoniques. Le scandale tire son nom du complexe du Watergate à Washington, qui a été cambriolé et dont les données ont été volées et manipulées pour influencer la campagne électorale des démocrates.

L'affaire du Watergate a profondément ébranlé la relation entre les citoyens américains et leurs élites dirigeantes, le nom étant associé aux tentatives de dissimulation et à la corruption. Aujourd'hui encore, le mot "gate" est accolé à des termes désignant de nouvelles affaires politiques qu'un responsable tente d'étouffer. Suite à ce scandale, le président américain de l'époque, Richard Nixon, démissionne en 1974.

Les seventies endiablées

Les "folles années soixante-dix" sont marquées par des émissions de télévision populaires, la musique rock et disco, le mouvement hippie et des styles de mode et de décoration excentriques. La population prend conscience de la nécessité de s'exprimer librement et de sortir des schémas habituels.

Malgré les crises politiques et la peur de la terreur de la RAF, les jeunes en particulier se sentent libres et désirent vivre leur jeunesse. On assiste également à une révolution sexuelle. Jusque dans les années 1960, la culture occidentale était plutôt prude, la nudité était considérée comme scandaleuse et l'homosexualité était taboue. Après le mouvement de 68, le concept de libération sexuelle et d'amour libre s'établit. La pilule contraceptive, autorisée en Allemagne depuis quelques années, contribue également à cette évolution.

1980 - 1990

Scandale des faux journaux intimes d'Hitler

En 1983, le magazine Stern publie les journaux intimes d'Hitler, qui se révèlent plus tard, après analyse du papier, être des faux de l'escroc Konrad Kujau. Le rédacteur en chef de Stern, Gerd Heidmann, qui avait acheté les documents pour près de 10 millions de marks et avait noué des liens étroits avec Kujau pendant des années, est licencié et doit purger une peine de prison, tout comme le faussaire lui-même.

Le Stern est critiqué internationalement pour cette falsification du siècle, principalement parce que le contenu des prétendus journaux n'est pas non plus très convaincant : On y trouve notamment des fautes d'orthographe et des explications détaillées sur l'état de santé du Führer.

Catastrophe de Tchernobyl

L'accident le plus dévastateur à ce jour dans une centrale nucléaire se produit le 26 avril 1986 à Tchernobyl, en Ukraine, à la frontière avec la Biélorussie. Plusieurs dizaines de milliers de personnes meurent des effets du nuage radioactif qui se déplace jusqu'en Europe centrale. Le cœur de l'unité 4 de la centrale a complètement fondu lors d'un test de sécurité et l'explosion qui s'en est suivie a projeté des matières radioactives dans l'air sans aucune retenue. Les soi-disant liquidateurs, les troupes de secours composées de soldats, de troupes chimiques spéciales mais aussi de policiers et de pompiers, d'infirmières, de médecins et de mineurs ont travaillé pendant des mois pour endiguer la catastrophe en prenant les premières mesures d'urgence. Nombre d'entre eux ne portent pas de vêtements de protection suffisants, la population des environs de Tchernobyl est informée bien trop tard et doit supporter plus tard des conséquences fatales.

En Allemagne aussi, il y a un manque d'information. En raison des pluies, c'est surtout le sud de l'Allemagne qui a été touché par la pollution radioactive. Aujourd'hui encore, les forêts de Bavière et du Bade-Wurtemberg présentent une radioactivité élevée.

Chute du mur de Berlin

Le 9 novembre 1989, le mur de Berlin tombe et avec lui le rideau de fer qui séparait l'Est et l'Ouest depuis des décennies. Près de 800 personnes ont été tuées dans tout le pays en tentant de passer la frontière. La révolution pacifique des citoyens de la RDA est un succès et conduit à la réunification des deux États allemands, après que le désir de réforme de l'État autoritaire s'est fait de plus en plus pressant. La partie la plus importante de cette révolution pacifique sont les manifestations du lundi, qui ont lieu dans plusieurs villes de la RDA pour protester contre le contrôle de l'État et l'économie de pénurie.

En outre, les citoyens réclament la liberté de parole, de déplacement et de choix, ce qui n'existait pas en RDA. La chute du mur est définitivement déclenchée par Günter Schabowski, qui présente en direct devant la presse internationale un nouveau règlement sur les voyages. Il y a une panne de communication : lorsque le journaliste de BILD Peter Brinkmann lui demande quand l'autorisation de quitter le territoire en permanence entrera en vigueur, Schabowski répond par la fameuse phrase "Cela entre en vigueur à ma connaissance... c'est tout de suite, sans délai". Après cela, plus rien n'arrête, on fait la fête au Mur de Berlin et les citoyens de la RDA de tout le pays peuvent se rendre en RFA.

Dissolution de la Stasi

Peu après la chute du Mur, la police secrète de la RDA, le ministère de la Sécurité d'État, est dissoute. Celui-ci avait auparavant surveillé et/ou emprisonné de nombreux dissidents politiques à l'aide des techniques d'écoute les plus modernes et de 90 000 employés permanents et 110 000 employés non officiels. A l'automne 1989, de nombreux militants des droits civiques en colère, qui haïssent la Stasi depuis des décennies et se sentent opprimés par elle, demandent la dissolution du ministère. Afin d'empêcher ses employés de détruire secrètement des preuves et des dossiers, certains d'entre eux occupent plusieurs bureaux de district et d'arrondissement de l'Office de la sécurité nationale, nom donné auparavant à la Stasi.

Jusqu'à la réunification, l'appareil de surveillance a été presque entièrement démantelé et les archives de la Stasi ont été sauvées. Celles-ci se trouvent aujourd'hui dans les locaux de la Bundesbeauftragte für die Unterlagen des Staatssicherheitsdienstes der ehemaligen Deutschen Demokratischen Republik (BStU).

1990 - 2000

Libération de Nelson Mandela

Le 11 février 1990, le prisonnier politique Nelson Mandela est libéré après 27 ans de détention dans la prison sud-africaine de Robben Island. Sa libération marque le début d'un long chemin vers la démocratisation du pays et, à terme, la destruction du système d'apartheid et de la ségrégation raciale qui a régi l'Afrique du Sud pendant des décennies. Lorsque Mandela quitte la prison, la population ne se réjouit pas seulement, elle est également impatiente de voir à quoi ressemble le combattant de la paix, car aucune photo de lui n'a été prise depuis son incarcération.

Une fois libre, Mandela s'attaque immédiatement aux problèmes politiques de l'Afrique du Sud, qui est au bord de la faillite et de la guerre civile. En 1994, les premières élections libres ont effectivement lieu, Mandela devient le premier président noir d'Afrique du Sud et le régime raciste de l'apartheid tombe définitivement.

La réunification de l'Allemagne

Le 3 octobre 1990, la RDA rejoint définitivement la RFA, mettant fin à quatre décennies de séparation allemande. Après la réunification, on parle des "nouveaux Länder", situés sur le territoire de l'ancienne RDA. La conversion de l'économie est-allemande aux conditions de l'économie de marché de l'Ouest constitue un défi majeur. De plus, de nombreuses entreprises collectives de la RDA sont en mauvais état et doivent être fermées. En conséquence, de nombreux Allemands de l'Est perdent leur emploi.

Construire une nouvelle infrastructure moderne à l'Est est également coûteux et complexe. Pour cela, la dictature du SED doit être traitée. La réunification de l'Est et de l'Ouest est un long processus qui n'est pas toujours exempt de conflits, mais la réunification est une bonne raison de la célébrer. Depuis lors, le 3 octobre est un jour de fête nationale, le jour de l'unité allemande.

Le premier mammifère cloné

Le premier mammifère cloné par des scientifiques s'appelle Dolly et c'est une brebis qui fait trembler le monde. Dolly est née le 5 juillet 1996 et porte le nom de la chanteuse de country américaine Dolly Parton. Elle n'a pas de père, mais trois mères. Une brebis a donné une cellule de son corps, une deuxième a donné un œuf et une troisième a fait office de mère porteuse pour porter Dolly.

Le clonage soulève déjà à l'époque des questions éthiques. En 2015, le Parlement européen décide d'interdire le clonage des animaux d'élevage au sein de l'UE. Malgré cela, le génie génétique a beaucoup évolué depuis, l'ADN peut aujourd'hui être lu et modifié. Dolly est une étape importante de la science et montre que l'homme devient de plus en plus un créateur sans limite à tous les niveaux. La brebis meurt en 2003 d'une maladie pulmonaire.

Violence de droite

L'Allemagne a connu une augmentation des attaques d'extrême droite dans les années 90, dont beaucoup sont des incendies criminels et des meurtres. Depuis 1990, année du changement de régime, on compterait au moins 198 morts dus à la violence d'extrême droite.

Ces actes se caractérisent souvent par leur spontanéité, leur grande violence et leur absence de choix. La cible est toute personne qui ne ressemble pas à un "vrai Allemand" et qui se trouve parfois simplement au mauvais endroit au pire moment. Les auteurs de la violence xénophobe ne se soucient souvent pas de savoir si les victimes meurent ou non lors de l'attaque. Outre les bagarres, les incendies criminels sont fréquents, comme lors de l'incendie criminel de Solingen en 1993, qui a tué cinq femmes et jeunes filles. Depuis, il y a toujours des débats pour savoir si la violence de droite est vraiment un problème marginal ou un phénomène plus répandu.

Ces sources vous permettront d'approfondir les thèmes du 20e siècle :

Hawas, James : *La plus courte histoire d'Allemagne*

Nonn, Christoph : *Les 19e et 20e siècles*

Nolte, Hans-Heinrich : *Histoire mondiale du 20e siècle*

Hobsbawm, Eric : *L'âge des extrêmes*

deutschegeschichte.eu

dhm.de/lemo (Musée vivant en ligne)

"A Tom son livre !" - Grammaire de base de l'allemand

La grammaire allemande est considérée comme l'une des plus compliquées. Les différences de temps et les règles grammaticales peuvent être déroutantes, en particulier pour les personnes qui apprennent l'allemand. Mais même en tant que locuteur natif, il n'est pas toujours facile de s'y retrouver. Les définitions suivantes devraient y remédier.

Noms

Les noms, également appelés mots nominaux, désignent des choses, des plantes, des animaux et des personnes. Ils sont reconnaissables au fait qu'ils prennent toujours une majuscule. Les noms propres sont également des noms. Les mots qui ne sont pas des noms, comme les adjectifs, peuvent devenir des noms par nominalisation (ex. boire).

Article

Les articles sont écrits devant un nom et sont utilisés pour faire référence à des personnes, des choses et des situations et pour indiquer leur genre. On distingue les articles définis et les articles indéfinis. Les articles définis sont "le", "la" et "le", les articles indéfinis sont "un" et "une".

Verbes

Les verbes, également appelés mots de temps ou verbum, sont une catégorie de mots qui expriment un événement ou un état. Les verbes peuvent être conjugués, c'est-à-dire transformés. Dans le dictionnaire, les verbes sont toujours à l'infinitif, également appelé forme de base. Ils sont composés d'un radical et de la terminaison "-en" ou "-n". Lorsqu'ils sont conjugués, ils changent de forme et peuvent donner des informations sur le temps, le nombre de personnes (singulier ou pluriel) ou le mode (indicatif ou subjonctif).

Adjectifs

Les adjectifs sont des mots de propriété, ils décrivent donc les propriétés des noms. Ils caractérisent des activités, des êtres vivants, des concepts ou des processus. Les adjectifs peuvent être augmentés (grand - plus grand - le plus grand) et comparés (pas aussi grand que...).

Construction de phrases

En français, chaque phrase est composée au minimum d'un sujet et d'un prédicat. Dans les phrases principales, le sujet est placé en première position, le verbe conjugué en deuxième position et l'objet, c'est-à-dire un complément de phrase, en troisième position. Ensuite, il peut y avoir un élément verbal non conjugué.

Sujet & Prédicat

Au sein d'une phrase, le terme de sujet décrit le fait ou la personne au sujet de laquelle une déclaration est faite. Il s'agit donc de l'objet de la phrase, qui est dans la plupart des cas un nom. Les éléments de la phrase dépendent du prédicat. Il indique ce qui arrive à l'objet de la phrase ou ce qu'il fait. Dans la phrase, ce sont donc les verbes qui assument la fonction de prédicat.

4 cas

En français, il existe 4 cas, qui peuvent tous être interrogés avec des questions en W. Le sujet d'une phrase est toujours au 1er cas, le nominatif (Qui ou quoi ?). L'objet d'une phrase peut être au génitif, au datif ou à l'accusatif. Le génitif est le 2e cas (Qui ?), le datif le 3e cas (Qui ?) et l'accusatif le 4e cas (Qui ou quoi ?). Les linguistes observent que le génitif a tendance à être de plus en plus remplacé par le datif. Au lieu de dire par exemple "la maison du père", on dit de plus en plus souvent "la maison du père". C'est pourquoi l'utilisation du génitif est de plus en plus associée à un langage plus élevé et plus cultivé.

Formes temporelles

Alors que dans de nombreuses langues, le verbe seul permet d'exprimer le niveau de temps dont il est question dans la phrase, en français, les choses sont un peu plus compliquées. Les verbes sont fléchis différemment selon le sujet et la personne, et tous les temps ne sont pas utilisés avec la même fréquence. L'aperçu suivant explique les six temps de l'allemand.

Présent - "Je nage".

Le présent exprime ce qui se passe en ce moment même.

Prétérit - "Je nageais".

Le prétérit indique qu'une action ou un état s'est produit dans le passé. Il est principalement utilisé dans la langue écrite et plus rarement dans la langue parlée.

Parfait - "J'ai nagé".

Le parfait est souvent utilisé à la place du prétérit dans les rapports oraux. Il décrit une action qui s'est déroulée dans le passé et qui a été achevée dans le passé.

La plupart du temps, une conséquence est associée à l'action, par exemple "J'ai nagé hier avant d'aller au sauna".

Plus-que-parfait - "J'avais nagé"

Le plus-que-parfait, également appelé passé antérieur, décrit également une action qui a déjà eu lieu. Il est généralement utilisé lorsqu'une action passée est décrite avant une autre action passée : "Je suis allé au sauna hier, j'avais nagé avant".

Futur I : "Je vais nager"

Le premier futur exprime quelque chose qui va se produire. Il s'agit d'une supposition ou, comme dans l'exemple, d'une intention.

Futur II. "J'aurai nagé".

Avec le futur II, on décrit une action future qui sera terminée à une date encore plus éloignée : "Comme je veux vraiment me détendre dans le sauna, j'aurai déjà nagé avant".

Anglicismes

Les anglicismes sont des expressions qui ont été introduites dans le vocabulaire français à partir de l'anglais. Beaucoup d'entre eux sont devenus incontournables dans les conversations d'aujourd'hui. Voici donc une liste d'anglicismes importants pour l'usage quotidien.

ASAP (dès que possible)	Dès que possible. Utilisé par exemple pour demander une réponse rapide.
Attitude	Réglage
Sensibilisation	Conscience
Sauvegarde	Copie de sauvegarde
Blogueur	quelqu'un qui tient un blog
Brainwashing	Lavage de cerveau, manipulation mentale
Briefing	brève formation
cheesy	kitsch, mièvre
coping	gérer quelque chose, faire face à quelque chose
Couldn't care less.	Je m'en fiche complètement. Je ne pourrais pas m'en soucier plus.
Crash	Chute, effondrement des cours, accident
Date limite	Date limite de soumission
Code vestimentaire	Code vestimentaire
Vers la terre	terre à terre, modeste
Eyecatcher	Accrocheur de regards
Fausses nouvelles	faux messages manipulés
Hang on.	Attendez.

Haut de gamme	luxueux, coûteux, de haute qualité
Comment venir ?	Comment cela se fait-il ? Pourquoi ?
Mise en page	Conception d'une page
leak	Publier des informations sans autorisation
Longtemps sans voir.	Pas vu depuis longtemps. Utilisé lorsque vous revoyez quelqu'un après une longue période.
Mon mauvais	ma faute, utilisé comme excuse
No-brainer	un jeu d'enfant, pas difficile
Pousser	mettre quelque chose en avant
Classement	Classement
sketchy	non fiables, potentiellement dangereux, de faible qualité
Spoiler	une information qui gâche le plaisir de quelque chose à venir
Flux de travail	Flux de travail

Le pire des cas	le pire des cas qui pourrait se produire à l'avenir

Mots étrangers généraux

Outre les expressions issues de l'anglais, il existe environ 60.000 mots étrangers dans notre langue. Ces mots sont entrés dans notre langage quotidien, mais ils sont également utilisés dans les journaux et les débats. Parmi eux, il y en a certains que vous avez certainement déjà entendus quelques fois, mais que vous n'avez jamais pu identifier correctement. Cette liste contient quelques-uns des mots étrangers les plus importants et leur signification.

adéquat	approprié, adéquat
affecté	comportement artificiel, non naturel
dénoncer	trahir, présenter comme négatif
idem	de même, de même (en référence à quelque chose de mentionné précédemment)
echauffieren	s'énerver
éloquent	Aisance verbale/oratoire
facultatif	quelque chose n'est pas obligatoire, laissé à un libre choix
en filigrane	fin, fin

frénétiquement	passionné, avec un grand enthousiasme
infantil	puéril, arrêté au stade de développement d'un enfant
jovial	un comportement bienveillant, généralement envers des personnes de rang inférieur
Collapse	faiblesse soudaine, effondrement
Connotation	référence, signification secondaire d'une expression
confisquer	saisir, confisquer
se lamenter	se plaindre abondamment (évalué négativement)
lapidaire	concis, sans fioritures mais pertinent
obsolète	obsolète, plus nécessaire, dépassé
pédant	mesquin, excessivement précis
pittoresque	pittoresque, comme peint
post-factuel	émotionnel, non objectif, basé sur des sentiments et non sur des faits

redondant	Présent plusieurs fois, super-flu (par exemple, par rapport à un discours)
réussissent	réussir dans quelque chose, être reconnu
Statu quo	l'état actuel d'une chose
suggèrent	suggérer, donner une impression particulière qui n'est pas fondée sur les faits
successifs	progressivement, petit à petit
Tabula rasa	quelque chose qui n'est pas préformé par quoi que ce soit, état originel de quelque chose
tendance	suivant une direction/tendance générale (par exemple, quelque chose a tendance à augmenter)
Trope	une expression utilisée au sens figuré, la mise en image
virtuose	magistral, en possession d'une capacité perfectionnée
Cynique	moqueur, méprisant impitoyable

Langage de l'éducation, langage technique & langage familier

En allemand, on distingue différents types de langue. Le langage éducatif, le langage technique et le langage familier se distinguent les uns des autres par les situations dans lesquelles ils sont utilisés de préférence et par leur complexité linguistique. Le langage familier est le type de langage utilisé dans les relations quotidiennes. Ce langage est fortement influencé par la région d'origine du locuteur, son dialecte, son contexte sociologique et les spécificités du groupe dans lequel il s'exprime. L'expression du langage familier est généralement relâchée et négligée, la grammaire correcte est parfois négligée et l'argot est utilisé.

En revanche, le langage éducatif se caractérise par le fait qu'il correspond en grande partie au langage écrit. Les personnes qui s'expriment dans la langue de l'éducation utilisent des structures de phrases plus complexes et une densité d'information élevée, les phrases sont donc relativement longues et imbriquées. L'argot et les abréviations sont évités au profit d'une présentation compacte et correcte des faits. Le langage éducatif est important pour réussir à l'école, à l'université et au travail, car il nous permet de nous exprimer de manière plus concrète et d'être perçus plus rapidement comme instruits.

Le langage spécialisé est un langage qui se concentre sur un domaine spécifique et qui utilise donc des expressions propres à ce domaine. Comme le langage éducatif, il va au-delà du langage quotidien normal. Si vous utilisez des termes techniques dans un domaine particulier, par exemple la physique ou la linguistique, vous montrez immédiatement que vous avez une certaine compétence dans ce domaine. Un mot peut être utilisé dans le langage courant et avoir une signification différente ou plus large dans le contexte d'un domaine spécialisé. Par exemple, le mot "sémantique" signifie "signification ou contenu d'un énoncé" dans le langage courant, alors qu'en linguistique, la sémantique est un domaine entier consacré aux significations des signes linguistiques et à leur composition.

Langage familier	Langue de l'éducation	Langage technique
Un peu nuageux aujourd'hui.	Des nuages sont attendus au cours de la journée.	Les cumulus se forment par convection, tandis que les stratus se forment par advection.

Langues du monde

Notre monde regorge de langues différentes et fascinantes qui nous permettent de communiquer avec les autres au quotidien. L'Européen moyen parle deux langues. Qu'en est-il pour vous ?

Anglais

La langue la plus parlée au monde est l'anglais. En tant que langue internationale, elle est enseignée dans de nombreuses écoles en tant que première langue étrangère et fait office de langue officielle dans la plupart des organisations internationales. De nos jours, il est impossible de se passer de l'anglais dans de nombreux domaines, et il est souvent nécessaire de savoir au moins lire la langue pour étudier ou travailler.

Pourquoi l'anglais est-il devenu la langue interna-tionale plutôt que l'espagnol ou le chinois ? La raison en est l'expansion de l'Empire britannique, qui a été l'un des premiers empires à traverser les mers et à en-vahir des pays étrangers. Ce faisant, les Anglais ont ré-pandu leur langue dans le monde entier. Le fait que la grammaire anglaise soit relativement simple et puisse être apprise rapidement est également un atout. Il y a environ 340 millions de locuteurs natifs de l'anglais et on estime à 1,75 milliard le nombre de locuteurs dans le monde.

Mandarin

Le mandarin, également appelé haut chinois, est un di-alecte du chinois et la langue qui compte le plus grand nombre de locuteurs natifs dans le monde. Le haut chi-nois est l'équivalent du haut allemand en français. L'histoire du mandarin est relativement courte, car il s'agit quasiment d'une langue inventée. Basé sur le di-alecte du nord de la Chine, le mandarin a été introduit en Chine dans les années 1930 par la "République po-pulaire", en tant que langue nationale officielle. Comme le Parti s'est ensuite installé à Taiwan, le man-darin y est également la langue officielle. Le mandarin est devenu la norme et gagne en importance, en particulier dans le commerce international et le monde des affaires.

Hindi

L'hindi est la langue officielle de l'Inde et est utilisée par près de 400 millions de locuteurs natifs, auxquels s'ajoutent environ 155 millions de personnes dont c'est la deuxième langue. Bien qu'il existe plusieurs centaines de langues différentes en Inde, dont 22 sont officielles, l'hindi est clairement la plus importante. Après la libération du pouvoir colonial anglais en Inde, l'hindi est devenu l'égal de l'anglais après que le gouvernement a standardisé la grammaire et l'orthographe.

L'hindi est en grande partie issu de l'ancienne langue indienne, le sanskrit, qui est aussi importante pour les Indiens que le latin pour les Européens. Au fil des millénaires, l'indien a été influencé par de nombreuses autres langues comme l'arabe et le persan, et il est également apparenté à des langues européennes comme l'allemand. En effet, certains mots allemands sont originaires de l'hindi, comme bungalow, curry, jungle, gingembre, mangue ou pyjama.

Espagnol

L'espagnol est parlé dans de très nombreux pays, dont l'Espagne, le Mexique, le Pérou, l'Argentine et la Colombie, et compte environ 450 millions de locuteurs natifs. C'est la deuxième langue maternelle la plus répandue après le mandarin et la deuxième langue la plus répandue au monde après l'anglais.

La diffusion de l'espagnol, tout comme celle de l'anglais, a beaucoup à voir avec le colonialisme, ce qui explique qu'elle soit la langue maternelle la plus répandue sur le double continent américain. Rien qu'aux États-Unis, plus de 10 % de la population parle espagnol. La grammaire espagnole étant relativement simple, l'espagnol est également une deuxième langue très populaire et est proposée dans de nombreuses écoles en Allemagne. Plus de 21 millions de personnes apprennent l'espagnol comme langue étrangère.

Français

Le français est la langue officielle de 39 pays et compte près de 100 millions de locuteurs natifs dans le monde. Le français a une aire de répartition très large : outre la France, la Suisse, le Canada, le Luxembourg et la Belgique, il est également parlé dans certaines régions des Caraïbes, d'Afrique, d'Océanie et dans des îles de

l'océan Indien. C'est surtout après le XVIIe siècle que
le nombre de locuteurs a augmenté, car les colonialis-
tes ont introduit la langue dans de nombreuses parties
du monde et, en Europe, elle est devenue la langue de
la noblesse et des personnes instruites. Aujourd'hui, on
prédit toujours une forte croissance du français. Les
linguistes estiment qu'en 2050, environ 7% de la population mondiale, soit plus de 600 millions de personnes,
parleront français, notamment en raison de la forte
croissance démographique des régions africaines.

Qu'est-ce que la langue des signes ?

Contrairement aux langues présentées jusqu'à présent,
la langue des signes est une forme visuelle de langage
utilisée dans le monde entier. Les sourds et les malen-
tendants utilisent la langue des signes pour communiquer, mais de plus en plus d'entendants l'apprennent
également. Toutes les personnes malentendantes ne
peuvent pas lire sur les lèvres, car cela est extrêmement
difficile et surtout fatigant.

Outre la gestuelle, les expressions faciales et
l'image buccale sont importantes dans la gestuelle,
chaque signe représente une expression différente et il
existe également une grammaire propre au sein de la
langue. Contrairement à la croyance populaire, la

langue des signes n'est pas universelle, il n'y a donc pas qu'une seule langue des signes, mais chaque pays a la sienne. Il existe même des différences régionales, c'est-à-dire des dialectes au sein de la langue des signes. Depuis 2002, la DGS, la langue des signes allemande, est officiellement reconnue. Pendant plusieurs siècles, la langue des signes a été interdite, car on pensait à tort qu'elle rendait impossible l'accès au monde des entendants. On attachait même les mains des gens pour les empêcher de signer. Aujourd'hui, c'est heureusement de l'histoire ancienne. La langue des signes est enseignée aux enfants sourds dès leur plus jeune âge, les interprètes sont de plus en plus nombreux et il existe une forte cohésion au sein de la communauté des personnes sourdes. Il est aujourd'hui possible pour un sourd d'étudier, de travailler ou de participer à des événements culturels comme le théâtre de signes et d'interagir avec le monde des entendants.

Vous pouvez trouver des informations sur l'apprentissage des langues, les langues étrangères et plus encore en utilisant ces sources :

Der kleine Duden : *Mots étrangers*

lingoda.com

mon-livre-français.fr

deutschlernerblog.de

geo.de/geolino/Langue des signes

wortwuchs.de/Anglicisme

euliteracy.fr/langue de l'éducation

PARTIE 4 : TECHNOLOGIE ET PROGRÈS

Impression de livres

Johannes Gutenberg était-il l'inventeur de l'imprimerie, cette technique d'impression révolutionnaire qui a pris l'Europe d'assaut et a considérablement changé la vie politique et quotidienne ? Pas tout à fait. Le véritable inventeur de l'imprimerie à caractères mobiles est le Chinois Bi Sheng. Vers 1040, il fabriquait déjà des tampons à caractères permettant d'assembler des textes. La méthode chinoise ne s'est toutefois jamais imposée en Europe, en raison des différences fondamentales entre les alphabets chinois et européens.

Au XIVe siècle, lorsque les artisans européens découvrent la méthode de gravure sur bois des Chinois, ils commencent à imaginer des procédés similaires. En 1450, Johannes Gensfleisch, de Mayence, surnommé Gutenberg, met au point des caractères en plomb à l'aide d'une fondeuse manuelle, ainsi qu'une presse d'imprimerie dans laquelle les planches peuvent être fixées. Avant l'imprimerie, les livres étaient écrits à la main, en particulier les bibles artistiques, dont la production pouvait durer 20 ans. L'invention de Gutenberg a considérablement accéléré ce processus. Les premiers produits, outre la Bible de Gutenberg, sont les lettres d'indulgence de l'Église, que les croyants achetaient dans l'espoir d'être libérés de leurs péchés.

En fait, l'invention de Gutenberg marque le début d'une nouvelle ère. Grâce au grand nombre de produits imprimés, de plus en plus de personnes apprennent à lire et à écrire, des révolutions politiques sont lancées avec des pamphlets et des dépliants et le savoir se propage à une vitesse fulgurante. De plus, la révolution des médias fait progresser la Renaissance et influence fortement la Réforme - la vision de Martin Luther selon laquelle chaque paysan devrait pouvoir comprendre la parole de Dieu est rendue possible grâce à l'imprimerie.

Industrialisation

Une autre avancée technologique de l'histoire a radicalement changé la vie de tous les hommes : l'industrialisation. Sans elle, notre vie ne serait sans doute pas aussi confortable qu'aujourd'hui, mais elle a aussi provoqué des changements climatiques et l'exploitation des ressources.

L'industrialisation a commencé en Angleterre avec l'invention de la machine à vapeur, inventée puis développée par James Watt à la fin du 18e siècle. De plus en plus de machines ont remplacé le travail manuel et ont permis de fabriquer un grand nombre de produits. Les biens n'étaient plus fabriqués d'un seul tenant, mais en pièces détachées, parfois produites en différents endroits. La production textile en particulier, accélérée par l'invention de la "Spinning Jenny", la première machine à filer, a dominé le marché et a connu des ventes élevées auprès de la population. Le pays a rapidement développé un vaste marché intérieur et un système fiscal réglementé, et la main-d'œuvre ne manquait pas en raison de la croissance démographique. Grâce à l'extension constante des réseaux ferroviaires, les marchandises produites à la chaîne pouvaient être transportées très rapidement à l'intérieur du pays, et les ports ont été développés pour favoriser le commerce international.

En Allemagne, l'industrialisation a également débuté en 1840, ouvrant la voie à une société industrielle moderne. L'agriculture a été de plus en plus reléguée au second plan, tandis que l'industrie, le commerce et les transports ont été les principaux moteurs de la croissance économique. Le changement social réside dans le fait qu'en quelques années, le capitalisme industriel a créé une société de classe solide. La bourgeoisie se divisait de plus en plus entre les grands industriels puissants et le prolétariat pauvre, la classe ouvrière. Alors que les villes ne cessaient de s'étendre, que leurs infrastructures se complexifiaient et que la modernisation s'étendait à presque tous les aspects de la vie, des milliers de personnes quittaient en même temps l'économie agricole pour devenir des rouages de la grande usine de l'industrie.

Au cours de la période de haute industrialisation qui suit 1870, les régions de Berlin et de la Ruhr deviennent particulièrement importantes sur le plan économique et contribuent à faire de l'Allemagne le fer de lance de la révolution industrielle en Europe. La production de fer, d'acier et de textile ainsi que l'industrie chimique et électrique se sont avérées centrales. L'agriculture s'est également industrialisée grâce à l'utilisation de machines modernes et d'engrais dans les champs, mais elle n'a pas résisté à l'essor économique des autres secteurs.

Les entreprises familiales traditionnelles ont été remplacées par des usines et des sociétés, et les grands industriels ont gagné en influence dans la politique. De plus, à la fin du XIXe siècle, la société allemande n'avait jamais été aussi "jeune" : le taux de mortalité infantile au sein de la classe ouvrière était en baisse et les grandes villes regorgeaient d'enfants et d'adolescents. Dès l'âge de 14 ans, ces derniers commençaient à travailler dans les usines et à gagner de l'argent pour leur famille, mais cette pratique s'est raréfiée au cours du début du XXe siècle.

Depuis ces développements, l'Allemagne est devenue l'une des plus grandes nations industrielles, avec une réputation de produits de haute qualité et d'innovations économiques dans le monde entier. Pourtant, des critiques sont régulièrement formulées à l'encontre de la société industrielle moderne et des conséquences de l'industrialisation. Les centrales électriques et les installations industrielles émettent beaucoup de dioxyde de carbone nocif et contribuent largement au réchauffement de la planète ; la combustion du pétrole, du charbon et du gaz naturel produit en outre de dangereux oxydes d'azote. Les polluants atmosphériques tels que les particules fines et l'ammoniac ou les déchets industriels toxiques sont également très nocifs pour l'environnement. De plus, dans de nombreux pays, la main-d'œuvre bon marché est exploitée et doit travailler dans des conditions désastreuses.

Transition énergétique

Aujourd'hui, on mise de plus en plus sur la production d'énergie renouvelable et durable plutôt que sur les sources d'énergie fossiles nocives ou sur l'énergie nucléaire - notamment parce qu'il fait de plus en plus chaud depuis l'industrialisation. Les énergies renouvelables sont celles qui proviennent de sources renouvelables et qui peuvent garantir un approvisionnement durable en électricité et en chaleur. Depuis les années 1980, les politiques publiques s'efforcent de réduire la part des sources d'énergie telles que le charbon, le gaz naturel, le pétrole et l'énergie nucléaire.

Cependant, les défenseurs de l'environnement critiquent les mesures politiques depuis des années, car les objectifs climatiques de la République fédérale ne sont pas mis en œuvre ou le sont lentement. L'économie joue un rôle important, car elle se met toujours en travers des demandes de neutralité climatique et de transition énergétique complète. Pour ne pas épuiser davantage la planète, il est nécessaire que tout le monde aille vraiment dans le même sens. Dans le cadre de la transition énergétique, l'énergie doit être produite, utilisée et transportée plus efficacement, la consommation d'énergie doit être réduite de manière générale et les énergies renouvelables doivent être exigées.

Protection du climat

L'intérêt de la société pour la protection du climat est en hausse, surtout depuis les années 2010. Les avertissements des scientifiques et des experts sont pris en compte et un changement de mentalité s'opère dans l'esprit de nombreuses personnes. En effet, c'est surtout depuis l'industrialisation que la température moyenne de la Terre ne cesse d'augmenter, ce qui se traduit déjà par des conditions météorologiques extrêmes et la disparition d'espèces.

Les gaz à effet de serre, qui agissent comme la vitre d'une serre, constituent un problème majeur : ils laissent entrer la chaleur du soleil, mais empêchent son rayonnement de retourner dans l'espace. La plupart de ces gaz font partie de l'atmosphère terrestre, mais leur concentration augmente considérablement sous l'influence de l'homme. Les concentrations les plus dangereuses sont celles du dioxyde de carbone, du méthane et du protoxyde d'azote. Selon les experts, le CO_2, c'est-à-dire le dioxyde de carbone, est responsable à plus de 60% du réchauffement climatique. La concentration de ce gaz est aujourd'hui près de 40% plus élevée qu'avant l'industrialisation.

A cela s'ajoute le fait que les forêts de la planète sont défrichées, ce qui libère le carbone stocké dans les arbres. Le développement de l'élevage est également néfaste, car les animaux d'élevage tels que les bovins et les ovins produisent de grandes quantités de méthane lors de leur digestion.

Les conséquences sont désastreuses. Les étés en Allemagne sont de plus en plus chauds, le niveau des mers dans le monde a augmenté de près de 19 cm depuis 1850. Partout dans le monde, l'écosystème souffre des conséquences du changement climatique, les récifs coralliens sont menacés et la situation devient de plus en plus inconfortable pour les humains. Les experts estiment qu'il y aura à l'avenir les premiers réfugiés climatiques, qui se déplaceront vers le nord en raison de conditions météorologiques extrêmes ou de la pénurie d'eau.

Afin d'épargner cet avenir sombre à cette génération et aux suivantes, des objectifs contraignants en matière de climat et d'énergie sont fixés au niveau européen. Le réchauffement de la planète doit être maintenu en dessous de 2 degrés Celsius afin d'éviter des changements catastrophiques. Parallèlement, de nombreux citoyens s'efforcent de réduire l'impact climatique par de petits changements quotidiens, comme l'utilisation des transports publics ou l'adoption d'une alimentation végétarienne/végétalienne. Des manifestations telles que celles du mouvement "Fridays for Future", lancé par la jeune activiste Greta Thunberg, montrent que les jeunes générations sont particulièrement conscientes des catastrophes climatiques imminentes.

Sortir du charbon

L'exploitation polluante du lignite fait régulièrement parler d'elle lorsqu'il s'agit de protéger le climat. Elle détruit le paysage, provoque des émissions toxiques et chasse les gens de chez eux. Les émissions de CO2 très élevées de ce combustible sont les plus nocives, car elles contribuent au réchauffement de la planète, sans compter qu'elles polluent fortement les rivières. Près de 40 % de l'électricité allemande est produite par des centrales au lignite et au charbon. En outre, des régions et des villages entiers sont souvent déplacés afin de pouvoir mieux exploiter le charbon.

L'élimination du charbon est donc une nécessité absolue, mais pour beaucoup, elle est encore trop lente. Les conditions imposées aux centrales électriques au charbon, qui stipulent que les polluants doivent être au moins mieux filtrés dans les gaz d'échappement des centrales, ne sont pas toujours correctement respectées. Air pollué, paysages détruits, gaz à effet de serre : pour beaucoup, la production d'énergie à partir du charbon devrait appartenir au passé depuis des années.

Sortie du nucléaire

Les protestations contre les centrales nucléaires remontent aux années 1970, mais ce n'est qu'en juin 2011, quelques mois après la terrible catastrophe nucléaire de Fukushima, que le gouvernement allemand a décidé de sortir progressivement du nucléaire. Une sortie complète est prévue pour 2022. En Italie, toutes les centrales nucléaires ont été fermées dès 1987, tandis que la France produit encore près de 75% de son électricité à partir de l'énergie nucléaire. Bien qu'il existe des normes de sécurité élevées pour les installations nucléaires, des tests montrent que ce sont surtout les anciennes installations qui présentent des défauts et que même les programmes de mise à niveau ne sont pas toujours efficaces.

Les opposants à l'énergie nucléaire ne cessent de répéter que l'utilisation d'une source d'énergie aussi dangereuse est non seulement nuisible à l'environnement, mais qu'elle ne vaut finalement pas le risque d'autres catastrophes similaires à celles de Fukushima ou de Tchernobyl. Les coûts de démantèlement et de gestion des déchets radioactifs doivent être pris en charge par les exploitants des centrales eux-mêmes, mais l'État fédéral participe désormais à la responsabilité du stockage intermédiaire et définitif des milliers de tonnes de déchets nucléaires produits chaque année.

Il n'existe pas encore de site de stockage définitif pour ces déchets et la recherche d'un lieu où ces déchets hautement dangereux pourraient être stockés en toute sécurité pour une durée indéterminée est difficile depuis des années. L'une des principales préoccupations est l'empoisonnement des eaux souterraines. L'abandon du nucléaire affectera très probablement plusieurs générations à venir.

Énergie renouvelable

Presque tous les experts s'accordent à dire que les énergies renouvelables sont l'avenir. Les sources d'énergie renouvelables peuvent être utilisées par l'homme de manière quasi inépuisable ou se renouveler si rapidement que leur utilisation répétée ne cause aucun dommage. Elles constituent donc l'élément de base de la politique énergétique durable et de la transition énergétique. Les différentes énergies renouvelables tirent leur énergie de différentes manières : de la force du soleil, de l'énergie cinétique de la rotation de la terre ou de la chaleur provenant de l'intérieur de la terre.

Énergie solaire

L'énergie solaire ou énergie solaire utilise l'énergie du soleil, dont le rayonnement électromagnétique atteint la surface de la terre et peut être utilisé techniquement. Le soleil est une source d'énergie quasiment infinie, car il émet un rayonnement presque constant et les fluctuations sont rares. L'énergie peut être directement convertie en électricité ou en chaleur et est captée par des cellules solaires dans des systèmes photo-voltaïques, des capteurs solaires ou des centrales thermiques solaires.

Les cellules solaires, qui transforment directement les rayons du soleil en courant continu pouvant être immédiatement utilisé pour alimenter des appareils électriques ou stocké dans des batteries, sont considérées comme les précurseurs de l'énergie solaire. Le défi consiste à stocker l'énergie solaire lorsque le soleil ne brille pas. Cependant, les techniques dans ce sens se développent depuis des années avec un grand potentiel.

Énergie hydraulique

L'énergie hydraulique est également une source d'énergie renouvelable et d'avenir non épuisable. Avant l'ère industrielle, elle était déjà utilisée pour alimenter des scieries et des moulins, dont le principe de fonctionnement est encore utilisé aujourd'hui. L'énergie cinétique d'un courant d'eau est transformée par une roue de turbine en énergie mécanique de rotation, qui peut à son tour entraîner des machines ou des générateurs.

En Allemagne, l'hydroélectricité est la principale source de production d'électricité, les régions du sud du pays favorisant particulièrement cette forme de production d'énergie grâce aux pentes des Préalpes. Alors que les centrales au fil de l'eau utilisent le courant d'un fleuve ou d'un canal, les centrales à accumulation tirent leur énergie des fortes pentes et de la capacité de stockage des barrages et des lacs de montagne, les turbines des centrales de barrage étant situées au pied d'un barrage. Il existe un potentiel de développement pour les petites centrales hydroélectriques, qui fonctionnent comme des centrales au fil de l'eau, mais dont la puissance est généralement plus faible en raison de leur emplacement.

Énergie éolienne

Depuis des années, les éoliennes tentent d'exploiter l'énorme potentiel des différentes conditions de pression atmosphérique à la surface de la terre. Les éoliennes modernes ne sont pas basées sur le principe de la résistance, mais sur celui de la portance. Le vent crée une poussée sur les pales des éoliennes, ce qui les fait tourner et produit ainsi de l'énergie. On mise également de plus en plus sur l'énergie éolienne offshore, c'est-à-dire sur des parcs éoliens situés loin dans la mer. La protection de l'environnement et la préservation du paysage sur les côtes de la mer du Nord et de la mer Baltique, deux points mis en avant par les opposants aux parcs éoliens, constituent un défi.

Néanmoins, l'utilisation de l'énergie éolienne en mer est considérée comme une source d'énergie renouvelable prometteuse. En 2020, plus de 1.5000 éoliennes offshore étaient en service pour produire de l'électricité.

Révolution numérique

L'ascension fulgurante de la technologie numérique et des ordinateurs au 20e siècle a déclenché une révolution numérique qui nous affecte aujourd'hui dans presque tous les domaines de notre vie. Comme lors de la révolution industrielle, les possibilités numériques transform le monde du travail et de l'économie, la sphère publique, les structures sociales et la vie privée, et ce à un rythme effréné. C'est pourquoi la révolution numérique est souvent considérée comme le troisième grand bouleversement de l'histoire de l'humanité, après la révolution néolithique et la révolution industrielle.

Internet

Dans le monde occidental en particulier, il est difficile d'imaginer la vie sans Internet. Il influence notre comportement de communication et notre culture linguistique, offre de nouveaux emplois, mais aussi des lieux potentiellement dangereux. Alors qu'à ses débuts, au milieu et à la fin du XXe siècle, Internet était réservé aux nerds ou au personnel universitaire, tout le monde ou presque l'utilise aujourd'hui.

Quelques faits qui illustrent l'ampleur de la diffusion et de l'impact d'Internet sur la vie quotidienne : Plus de 60 millions de personnes de plus de 14 ans ont accès à Internet en France, et chacun d'entre eux passe en moyenne 165 minutes par jour en ligne. Cela est principalement dû à l'offre multifonctionnelle - entrer ou rester en contact avec d'autres, vérifier la météo, acheter des billets de train, regarder des films, apprendre une langue, tout cela et plus encore est possible sur Internet. Les jeunes générations, en particulier, semblent désormais dépendre des plateformes de médias sociaux comme Instagram, Facebook et YouTube.

Alors que certains craignent que les contacts humains soient de plus en plus transférés sur Internet, d'autres affirment que la connectivité mondiale d'Internet offre de nombreuses possibilités de rencontrer de nouvelles personnes et de nouvelles cultures.

Logiciel et matériel

Une différence qui n'est peut-être pas connue de tous : le mot "logiciel" désigne les composants numériques qui ne sont pas physiques. Ils sont responsables du fonctionnement du système et du traitement des informations au sein d'un ordinateur et sont installés ou désinstallés, donc facilement modifiables. Aujourd'hui, même les appareils électroménagers tels que les réfrigérateurs ou les machines à laver fonctionnent avec des logiciels. Contrairement aux logiciels, les matériels peuvent être manipulés, ce sont donc les composants physiques d'un ordinateur. Il s'agit par exemple des disques durs, des périphériques d'entrée tels que la souris et le clavier, de la mémoire vive ou des écrans. Le matériel et les logiciels jouent toujours ensemble, l'un ne peut pas fonctionner sans l'autre.

Silicon Valley

La Silicon Valley, une région proche de San Francisco dans le nord de la Californie, est considérée comme le plus important site technologique du monde. Des sièges sociaux importants comme ceux de Google, eBay, Adobe ou PayPal y sont installés. Le mot "Silicon", en français silicium, fait référence au nombre élevé de ces entreprises et autres industries qui y fabriquent des ordinateurs. Le silicium est un élément chimique essentiel à la fabrication de composants informatiques. La région est devenue la Mecque de l'informatique et de l'industrie high-tech depuis les années 1950, date à laquelle le parc industriel de Stanford a été construit. Aujourd'hui, la Silicon Valley désigne également l'industrie électronique et informatique en général.

Crypto-monnaie

La numérisation n'épargne pas l'économie et la monnaie. La crypto-monnaie est une alternative à la monnaie traditionnelle qui permet le paiement sans numéraire sur Internet. Le système qui sous-tend ce trafic est appelé blockchain. Ces dernières années, c'est surtout le bitcoin qui a fait les gros titres, mais il existe aussi toute une série d'autres monnaies comme l'éther, le tether, le ripple ou le polkadot. Comme la cryptomonnaie dépend fortement de l'offre et de la demande, son cours fluctue souvent. Investir dans ces monnaies est donc considéré comme particulièrement risqué, mais avec de l'habileté et un peu de chance, il est possible de réaliser de gros bénéfices.

Réalité virtuelle

La réalité virtuelle (VR) permet de donner vie à des mondes numériques entiers. Grâce à un matériel et des logiciels spéciaux, une réalité artificielle est créée, qui peut aller d'un vol simulé à un monde imaginaire coloré. Si vous n'avez pas encore fait l'expérience de cette technologie, il est difficile d'imaginer les sensations que procure la RV. Notre cerveau est perturbé lors de l'immersion dans le monde virtuel - même si nous savons que les objets que nous voyons ne sont pas réellement devant nous, nous les voyons comme des objets réels et voulons automatiquement agir avec eux comme dans le monde réel.

Les lunettes VR que l'on doit enfiler pour cela créent une illusion presque parfaite grâce à des écrans haute résolution et à un système de capteurs couplés pour détecter l'emplacement et la position de la tête. Des contrôleurs permettent ensuite de se déplacer et d'agir dans le monde en appuyant sur un bouton, même si cela est limité. Les experts du secteur technologique sont certains que la technologie VR va changer notre consommation de médias dans les années à venir. Il n'est donc pas étonnant qu'il suffise d'un petit investissement pour pouvoir escalader le mont Everest ou voyager virtuellement à l'âge de pierre dans son salon.

Sécurité des données

Étant donné qu'il est aujourd'hui si facile d'envoyer de grandes quantités de données dans le monde entier et que la tentation de mettre toute sa vie en ligne est si grande, les craintes concernant la sécurité des données de chacun augmentent. La sécurité des données est assurée par de nombreuses mesures techniques qui protègent tous les types de données. Un principe important est la confidentialité, c'est-à-dire que l'accès aux données ne peut être effectué que par des personnes autorisées. L'accent est également mis sur l'intégrité, c'est-à-dire que les données ne doivent pas être manipulées. La disponibilité est également un aspect important. Cela signifie que les données existantes doivent pouvoir être utilisées en cas de besoin, malgré la protection.

Cybercriminalité

La cybercriminalité, en particulier, illustre l'importance et la nécessité de la sécurité des données. La cybercriminalité est un crime qui implique les infrastructures électroniques et/ou les techniques d'Internet. Il s'agit d'un phénomène mondial qui peut en principe se produire partout où des smartphones, des ordinateurs et d'autres appareils informatiques sont utilisés. D'autres termes utilisés dans le contexte de la cybercriminalité sont le cyberespionnage et le cyberterrorisme.

Outre le fait que les malfaiteurs peuvent se cacher n'importe où dans le monde, un autre problème est qu'il leur est relativement facile de dissimuler leurs traces et qu'ils deviennent de plus en plus professionnels. Ils volent des données de compte et des mots de passe, attaquent des entreprises ou des infrastructures, pratiquent le chantage numérique, organisent illégalement des jeux de hasard, vendent des substances dangereuses, partagent des contenus pédopornographiques ou harcèlent sexuellement des enfants sur Internet dans le cadre de ce que l'on appelle le cybergrooming. La liste des infractions potentielles (et des auteurs) est longue. En Allemagne, c'est l'Office fédéral de la police criminelle qui est compétent pour ce type d'activités, mais les recherches sont souvent menées au niveau international par le Centre européen de lutte contre la cybercriminalité ou Interpol.

Algorithmes

Le mot algorithme est souvent mentionné dans le contexte de la sécurité des données. Un algorithme est en principe toujours une procédure qui doit conduire à la résolution d'un problème. Le plan de résolution est ensuite traité en étapes individuelles et converti en données de sortie. Un exemple simple : si l'on veut calculer l'indice de masse corporelle (IMC) d'une personne, les données de la personne, c'est-à-dire son poids et sa taille, sont compilées dans une formule qui, à son tour, donne en sortie l'IMC calculé. Les algorithmes sont utilisés de différentes manières dans la société moderne : ils nous permettent de trouver des partenaires compatibles lors de rencontres en ligne, de nous opposer à des adversaires virtuels lors de parties d'échecs en ligne ou de nous indiquer le chemin le plus court vers notre destination via un GPS.

Les critiques portent sur le fait que les algorithmes analysent également notre comportement et peuvent même nous influencer. Bien que nous décidions nous-mêmes de cliquer sur une publicité sur une plateforme de médias sociaux, c'est l'algorithme du site qui nous la montre. Celui-ci a calculé au préalable la probabilité que nous voulions voir la publicité. C'est ainsi que notre comportement est inconsciemment guidé.

À bien des égards, les algorithmes - comme la plupart des technologies numériques - sont donc à la fois une bénédiction et une malédiction.

Intelligence artificielle

Parallèlement à la numérisation, la recherche sur l'intelligence artificielle (IA en abrégé) se développe dans différents domaines. Les experts sont certains que celle-ci se répandra et se développera de plus en plus au cours des prochaines décennies. Alors que certains affirment que l'IA pourrait devenir dangereuse et même menacer l'humanité dans un avenir lointain ou proche, d'autres craignent moins une prise de contrôle de type science-fiction par des robots et considèrent l'intelligence artificielle comme une avancée technologique importante et inévitable, au potentiel considérable.

IA forte et faible

On distingue généralement l'IA forte et l'IA faible. L'IA faible comprend des systèmes qui se concentrent sur des problèmes d'application concrets et dont la résolution repose sur des méthodes mathématiques ou informatiques. Une fois que le système a été développé et optimisé spécifiquement pour un besoin, il peut s'optimiser lui-même. Cependant, les systèmes n'acquièrent pas une compréhension plus approfondie de la résolution des problèmes, mais restent sur des approches qu'ils connaissent. L'approche basée sur des règles empêche l'IA faible d'atteindre le niveau du cerveau humain. Elle est donc principalement utilisée dans la vie de tous les jours. Des systèmes tels que la reconnaissance vocale et d'images, la traduction automatique, les systèmes de navigation, la correction automatique, la diffusion de publicités personnalisées ou les suggestions de correction lors de recherches sont des exemples d'intelligence artificielle faible que nous utilisons tous les jours. Les grands fabricants de logiciels tels qu'Apple, IBM ou Google ne cessent de les développer, par exemple pour simplifier les processus de support client ou de comptabilité. Il est également fort probable que la reconnaissance et la traduction vocales en temps réel deviennent la norme dans les années à venir. L'IA faible est donc développée par l'homme pour l'homme et est spécialisée dans certains domaines.

L'IA forte, en revanche, est égale ou supérieure à l'intelligence humaine. Elle agit sur la base de sa propre motivation et peut étendre de manière autonome les règles qu'elle a apprises. Jusqu'à présent, il n'a pas été possible de créer une telle intelligence, et il existe un débat sur la question de savoir si cela est possible. Une machine plus intelligente que son créateur ? Il existe toutefois un consensus sur les caractéristiques qu'une telle superintelligence devrait posséder pour être considérée comme telle : Capacité de prise de décision, capacité de planification et d'apprentissage, capacité de raisonnement logique, communication en langage naturel et capacité à utiliser toutes ces capacités ensemble pour atteindre un objectif global. Il n'est pas précisé si ce pouvoir de superintelligence conduit également à une conscience telle que celle que nous avons en tant qu'êtres humains.

Depuis des années, on se demande si un certain degré d'intellectualité chez une machine serait également lié à la connaissance de soi, à la mémoire, à la maturité et à l'empathie. Mais pour les 20 à 40 prochaines années, nous n'avons probablement pas encore à nous inquiéter de savoir si une machine va, dans la réalité, s'emparer sans scrupules de la domination du monde.

Test de Turing

Le test de Turing permet de déterminer si un système intelligent peut être comparé à l'intellect d'un être humain. Il porte le nom d'Alan Turing, un scientifique et mathématicien de génie qui, entre autres, a développé des modèles pour aider à déchiffrer les codes des messages radio allemands pendant la Seconde Guerre mondiale. Il a également joué un rôle important dans le développement des premiers ordinateurs. Il a créé le test de Turing en 1950, qui est encore utilisé aujourd'hui pour évaluer les nouvelles IA.

Le test en lui-même est basé sur la conversation, car Turing était convaincu que le processus de pensée d'une machine était en soi difficile à formuler. Il s'agit avant tout d'évaluer la crédibilité de la réponse de la machine dans le cadre d'un dialogue avec une personne réelle. Pour le test, une personne réelle et un système d'IA discutent donc via un clavier et un écran. Ils essaient de convaincre l'autre qu'il s'agit d'une personne réelle et d'un être humain pensant. Une tierce personne, qui assiste à la conversation sans connaître la véritable identité des interlocuteurs, doit évaluer la conversation. Si, à la fin, elle ne peut pas dire avec certitude quelle conversation provient de l'homme et quelle conversation provient de la machine, le test est réussi et l'IA est l'égale de l'homme.

Le test n'est pas totalement exempt de critiques, un système pourrait en théorie être simplement spécialisé dans l'imitation du comportement humain sans posséder une intelligence ou une conscience élevée dans d'autres domaines. Dans d'autres variantes du test de Turing, l'IA doit prouver qu'elle est créative et qu'elle peut fournir des prestations originales sans programmation (test de Lovelace) ou argumenter elle-même la théorie de sa conscience (test de Metzinger).

Robotique

La robotique s'occupe du développement de robots, plus précisément de leur conception, de leur production et de leur contrôle. Alors que l'informatique développe des robots logiciels, la robotique s'intéresse plutôt à ceux qui peuvent interagir avec le monde physique. Outre les robots industriels et de service, qui effectuent principalement des tâches de production ou rendent simplement des services aux personnes, il existe également des robots humanoïdes, pour lesquels des membres et une peau, des capacités linguistiques ainsi que des expressions faciales et des gestes sont développés. Pour ce faire, les domaines de l'ingénierie mécanique, de l'ingénierie électrique et informatique et de l'IA se rencontrent.

D'autres robots sont utilisés dans le domaine scientifique (robots expérimentaux), dans le domaine de la santé (robots de soins et de thérapie) ou dans le domaine militaire (par exemple, les robots de combat qui effectuent des missions trop dangereuses pour les humains). Ces dernières années, on a surtout parlé des robots dans le domaine des transports, c'est-à-dire des véhicules automobiles qui se conduisent tout seuls, sans conducteur humain. La conduite autonome pourrait devenir la norme d'ici quelques décennies, car les voitures autopilotées sont de plus en plus sûres et de nombreux gouvernements soutiennent ce développement. Le potentiel de cette technologie est énorme : la circulation et le transport pourraient devenir beaucoup plus fluides, les zones rurales pourraient être mieux desservies et les personnes âgées ou à mobilité réduite seraient plus mobiles. En outre, le nombre d'accidents serait très probablement réduit, car dans la plupart des cas, l'erreur humaine est à l'origine de l'accident. Actuellement, les pionniers dans le domaine des véhicules autonomes sont Apple, Tesla, Toyota, General Motors et Waymo, la filiale de Google. D'une manière générale, la robotique a beaucoup à offrir pour l'avenir et pourrait changer notre vie de manière durable, comme le montre l'exemple des voitures à conduite autonome.

Critique de la recherche en IA

Dans les débats sur l'intelligence artificielle, il est souvent difficile d'éviter les questions de morale et d'éthique, car cet aspect est particulièrement polarisé. La sécurité des données et la criminalité font partie des principaux points de désaccord. Il n'est pas nécessaire d'imaginer des scénarios futurs pour cela ; les technologies dites de "deep fake" permettent de transférer des visages dans des vidéos sur des corps étrangers et de rendre les expressions faciales si précises qu'il ne semble pas y avoir de différence avec la réalité. Ces technologies, ainsi que d'autres telles que les drones, les véhicules ou les armes autonomes pilotés par l'IA, pourraient être piratées et utilisées à mauvais escient pour nuire et/ou manipuler. Il ne fait aucun doute que l'intelligence artificielle offre de nombreuses opportunités et mérite d'être développée et améliorée. Toutefois, la sécurité des données et la protection contre les abus ne doivent pas être perdues de vue. Il appartient à la société et au monde politique de se pencher sur les nouvelles technologies et de mettre en place certaines normes, lois et réglementations.

La technologie, le progrès et les questions environnementales vous intéressent particulièrement ? Découvrez-en plus sur ces sujets ici :

Radkau, Joachim : *La technique en Allemagne. Du 18e siècle à nos jours*

Tegmark, Max : *La vie 3.0*

Hosp, Julian : *Blockchain 2.0*

bpb.de/changement climatique

bmi.bund.de/cybercriminalité

jaai.fr

zukunftsinstitut.de

t3n.de

erneuerbare-energien.de

ec.europa.eu/clima

Musique

La musique est l'une des formes d'art les plus importantes de la société et elle est partout autour de nous - dans les spots publicitaires, les concerts, dans nos écouteurs. La musique est associée à des sentiments et des souvenirs qui sont souvent difficiles à exprimer par des mots et que l'on préfère donc entendre interprétés par quelqu'un d'autre à plusieurs reprises. Voici quelques-uns des virtuoses de la musique que vous devez absolument connaitre.

Antonio Vivaldi

Vivaldi est notamment connu pour sa composition magistrale "Les Quatre Saisons", un cycle de quatre concertos qui capte musicalement les sensations changeantes de la nature. Souvent surnommé le "Prêtre rouge" en raison de sa chevelure de feu, le compositeur était l'un des musiciens les plus demandés de la vie culturelle vénitienne au début du XVIIIe siècle. En effet, Vivaldi a été prêtre pendant une courte période avant de se consacrer définitivement à la musique. Il donnait des cours de violon dans un orphelinat vénitien pour jeunes filles et écrivait nombre de ses pièces pour les enfants ou pour l'église. Moins de la moitié de ses opéras, dont le nombre est estimé à une centaine, sont aujourd'hui conservés. Le compositeur est mort en 1741.

Bob Dylan

L'auteur-compositeur-interprète américain Bob Dylan est considéré comme une légende de la musique depuis les années 1960, avec des succès comme "Blowin' in the Wind" ou "Like a Rolling Stone". Son genre de prédilection est un mélange de folk, de country et de rock, il joue de la guitare, mais aussi du piano, de l'orgue et de l'harmonica. En 2016, il est devenu le premier musicien à recevoir le prix Nobel de littérature pour ses créations poétiques, mais il n'est allé le chercher que six mois plus tard, alors qu'il était dans les environs pour une tournée.

Bob Marley

Bob Marley est la légende du reggae par excellence. Le chanteur et guitariste jamaïcain a acquis une célébrité mondiale au plus tard avec les chansons "I Shot the Sheriff" et "No Woman, No Cry" et est devenu une figure politique et culturelle emblématique de la population de couleur. Marley a passé les dernières semaines de sa vie à Tegernsee au début des années 1980, après avoir reçu un diagnostic de cancer. Sa mort n'a pas entamé sa réputation et son statut de légende. Sa famille exploite aujourd'hui une variété de cannabis sous le nom de "Marley Natural", ce qui aurait certainement plu à ce défenseur des pouvoirs de guérison naturels.

Elvis Presley

Le roi du rock'n'roll Elvis Presley a été l'un des premiers à introduire le mouvement rockabilly dans le courant dominant, mais il était également présent dans les genres country, pop, gospel et blues. Avec plus de 500 millions de disques vendus, il est l'un des artistes solo les plus populaires du XXe siècle, le single "It's Now or Never" étant sa meilleure vente.

En tant qu'acteur, Elvis a tenu des rôles dans 31 films et l'un de ses concerts live à Hawaï a été vu par plus de personnes que l'atterrissage sur la lune. À la fin de sa carrière, il était souvent en tournée et avait de nombreux spectacles à Las Vegas. En août 1977, il est mort à seulement 42 ans dans sa propriété de Graceland dans le Tennessee, à la suite de problèmes cardiaques et d'une surdose de médicaments. En fait, il y a eu une tentative de détournement de son corps peu après son enterrement. En conséquence, le corps

d'Elvis et celui de sa mère ont été transférés à Graceland. Aujourd'hui, Elvis continue à vivre principalement à travers ses nombreux imitateurs dans le monde
entier.

Elton John

Avec des tubes comme "Candle in the Wind", "Rockt Man" et "Can You Feel the Love Tonight", le Britannique Elton John a conquis le cœur de milliers de fans. En Allemagne, ce sont surtout les chansons rapides comme "Don't Go Breaking My Heart" qui sont populaires au début. Elton John est le premier artiste occidental à se produire en Union soviétique à la fin des années 1970. Sa carrière continue de décoller dans les années 1980, mais l'artiste doit se retirer pendant quelques années en raison d'années de consommation de drogues, avant de faire son retour en 1992 et de recevoir un Oscar pour la bande originale du Roi Lion, plus précisément pour la chanson "Can You Feel the Love Tonight". En 1998, il est fait chevalier par la reine Élisabeth II pour son engagement social.

Falco

Le musicien autrichien Falco, de son vrai nom Johann Hölzel, a connu une percée internationale au milieu des années 80 avec sa chanson "Rock Me Amadeus" et a été le premier à se hisser en tête du Billboard américain avec une chanson en allemand. En Allemagne, une controverse est née autour de sa chanson "Jeanny" de 1985 qui, selon les critiques, glorifiait l'acte de violence

commis sur une jeune femme. Plusieurs chaînes allemandes ont boycotté la chanson, qui est néanmoins devenue un hit. Falco est mort en 1998 à l'âge de 40 ans
dans un accident de voiture, avec un taux d'alcoolémie
de 1,5 % et de la cocaïne et du THC dans le sang. Après
sa mort, l'album posthume "Out of the Dark" est resté
près d'un an dans le top 100 en Allemagne.

Frank Sinatra

Frank Sinatra, né en 1915 dans le New Jersey, est entré
dans l'histoire de la musique en tant que chanteur de
variété et tueur de dames par excellence, avec des succès comme "My Way" ou "Strangers in the Night". Il
était le chanteur central du "Rat Pack", un groupe
d'amuseurs, actif dans les années 1950 et 1960. Il était
également connu en tant qu'acteur. Les rumeurs récur-
rentes selon lesquelles il aurait des liens avec la mafia,
ce qu'il a toujours nié, ont contribué au mythe de sa
vie. Néanmoins, le FBI avait un gros dossier sur lui, car
il s'était engagé dès le début de sa carrière dans la défense des droits civiques et certains agents se méfiaient
de son attirance (notamment pour les femmes). Le
chanteur est également connu pour son amour du
whisky bourbon Jack Daniels. Après sa mort en 1998,

il a reçu une bouteille de cette boisson dans sa tombe, en plus d'un paquet de cigarettes.

Freddie Mercury

Freddie Mercury, de son vrai nom Farrokh Bulsara, est devenu une star mondiale au milieu des années 1970 avec son groupe de rock "Queen". Des chansons comme "Killer Queen", "Bohemian Rhapsody" ou "We Are the Champions" ont fait de cet artiste bisexuel une légende. Ses costumes colorés, sa voix unique et ses performances et clips musicaux divertissants ont fait de Mercury un personnage sympathique. En coulisses, il se disputait souvent avec divers amants et avait des problèmes avec la drogue, ce qui n'empêchait pas son énergie sur scène. Mercury est décédé en 1991 d'une pneumonie, et le "Freddie Mercury Tribute Concert for AIDS Awareness" a été organisé après sa mort. Le chanteur avait souffert de la maladie immunitaire pendant des années et n'avait jamais révélé publiquement son homosexualité.

Jimi Hendrix

Jimi Hendrix est considéré comme le dieu de la guitare et la figure principale du légendaire festival de Woodstock en 1969. Il jouait de la guitare avec les dents, derrière la tête et sur le dos et était acclamé pour des chansons comme "Purple Haze" ou "Hey Joe". Ses performances ne reflétaient pas seulement son talent, mais aussi un désir de paix que beaucoup de jeunes Américains ressentaient à son époque. Sa musique, à la fois sensible et rageuse, était une protestation contre la guerre du Vietnam et l'establishment.

Hendrix est mort à Londres en 1970, à l'âge de 27 ans, deux semaines seulement après son dernier concert, ce qui fait de lui l'un des membres les plus célèbres du "Club 27". Ce dernier regroupe un certain nombre d'artistes légendaires comme Kurt Cobain, Amy Winehouse ou Brian Jones, tous décédés à 27 ans.

Jean-Sébastien Bach

Des œuvres telles que la "Passion selon Saint Matthieu" ou l'"Oratorio de Noël" ont fait du compositeur, virtuose de l'orgue et du piano Jean-Sébastien Bach une légende de la musique classique. Né à Eisenach en 1685, il commença très tôt sa carrière de maître de chapelle de la cour et d'organiste. Ses œuvres sont marquées par la rigueur et la concentration, tout en étant pénétrantes et émotionnelles. Ce mélange a valu à Bach la célébrité, il a mis fin à l'ère baroque et a marqué tous les compositeurs qui ont suivi.

Il aurait composé plus de 2000 pièces, dont la moitié environ nous est parvenue. Ses fils sont également devenus musiciens et ont connu sa gloire immortelle même après la mort de leur père en 1750. En fait, la famille Bach est l'une des plus grandes familles de musiciens au monde. Pendant presque tout le XVIIIe siècle, les membres de la famille Bach ont dominé la vie musicale et culturelle de la région d'Erfurt.

John Lennon

Le cofondateur des Beatles est né à Liverpool en 1940 et a conquis le monde avec son groupe grâce à des tubes comme "Yellow Submarine" ou "Let It Be". Mais il a également fait ses preuves en tant qu'artiste solo et auteur-compositeur, avec par exemple "Imagine" qui a connu un grand succès. Au sein des Beatles, malgré la célébrité et les milliers de fans enthousiastes, il y a toujours eu des querelles internes, des doutes et des escapades dans la drogue. Après une violente dispute en 1969, Lennon quitte le groupe et s'installe à New York avec sa femme et artiste Yoko Ono, où il se retire de plus en plus de la vie publique.

Sa femme a été tenue pour responsable de la séparation par de nombreux fans, bien que cela ait toujours été démenti par les autorités officielles. Le militant pacifiste Lennon est également devenu tragiquement célèbre à la suite de sa mort en 1980, lorsqu'il a été a-battu de quatre balles par un fanatique à New York.

Kurt Cobain

Le membre le plus célèbre du "Club 27" est sans doute le musicien de rock américain Kurt Cobain, qui connaît le succès en tant que leader du groupe Nirvana, surtout dans les années 1990. Avec des chansons comme "Smells Like Teen Spirit" et "Come As You Are", il a marqué le genre grunge et est devenu une icône de la jeunesse. Tout au long de sa vie, Cobain s'est opposé au battage médiatique autour de sa personne, selon lui, la musique était la chose la plus importante pour lui.

Le son caractéristique de Nirvana était caractérisé par des notes de rock et des paroles sombres, et la chaîne de télévision MTV diffusait en boucle le clip de "Smells Like Teen Spirit". L'artiste s'accommodait mal de l'attention du mainstream, que Cobain détestait. En 1994, il s'est suicidé sous l'emprise de l'héroïne, ce qui n'a fait que renforcer son statut de légende.

Ludwig van Beethoven

Tout le monde connaît les mélodies de "Für Elise" ainsi que la "Sonate au clair de lune" ou le début de la

Cinquième symphonie de Ludwig van Beethoven. Bien qu'il ait souffert de surdité à l'âge de 27 ans, Beethoven, né en 1770, a composé de nombreux morceaux classiques parmi les plus célèbres aujourd'hui. Cela s'explique principalement par son perfectionnisme. On dit que Beethoven était capricieux et tatillon, qu'il a déménagé près de 70 fois dans sa vie parce qu'il ne se sentait pas à l'aise dans certains endroits, souvent pour des détails. Malgré cela, il était un véritable génie de la musique et enchaînait les succès. Avec l'âge, sa déficience auditive le gênait de plus en plus, notamment par des bourdonnements d'oreille et une hypersensibilité au son.

De plus, il s'isolait de plus en plus - il avait du mal à faire savoir à son entourage qu'il était sourd en tant que compositeur. Son art a sauvé Beethoven du suicide, il y a trouvé l'acceptation et la joie. De nos jours, il n'aurait probablement pas été possible de guérir complètement ses troubles, mais de les atténuer.

Madonna

Des tubes comme "Like a Virgin", "Like a Prayer" ou "Material Girl" ont fait de la jeune Madonna une star mondiale branchée dans les années 1980, qui non seulement passait à la radio, mais lançait aussi des tendances et militait pour l'émancipation des femmes. Arrivée à New York à l'âge de 19 ans, elle s'est débrouillée pendant un certain temps comme danseuse et actrice de porno soft avant de connaître le succès. Elle a reçu plusieurs prix au cours de sa carrière, dont sept Grammy Awards. Malgré cela, elle est aujourd'hui considérée comme la plus grande icône de la pop et, avec une fortune estimée à 380 millions d'euros, elle est l'une des femmes les plus riches du monde.

Michael Jackson

Le "roi de la pop" Michael Jackson est devenu célèbre dans les années 1980, notamment grâce à des chansons comme "Thriller", "Smooth Criminal" ou "Billie Jean" et son "Moonwalk". Enfant, il travaillait déjà dans le show-business en tant que membre des Jackson Five avec ses frères, son père étant extrêmement strict et le poussant littéralement à réussir. Pour compenser, Jackson a acheté à l'âge adulte le ranch Neverland, une immense propriété aux allures de parc d'attractions.

Après son grand succès dans les années 80, les controverses se sont multipliées autour de ses interventions esthétiques, notamment sa peau de plus en plus blanche et son nez de plus en plus petit. Il a également fait la une des journaux à plusieurs reprises en raison de ses relations douteuses avec des enfants et a même été inculpé en 2003, mais acquitté en 2005. Il est décédé en 2009 à Los Angeles d'une overdose de propofol, un anesthésiant sans lequel il avait du mal à dormir depuis des années.

Nina Simone

Lorsque Nina Simone a commencé à jouer du piano à l'âge de quatre ans, personne n'aurait pu imaginer qu'elle deviendrait un jour l'une des plus grandes légendes de la soul. Sa carrière a commencé au début des années 1960 et a été marquée par des tubes comme "I Put a Spell on You", "Feelin' Good" et "My Baby Just Cares For Me". Les fans l'ont surnommée la "prêtresse de l'âme", un surnom affectueux pour la musicienne qui, toute sa vie, a en fait voulu être la première femme noire à donner des concerts de musique classique. Cette artiste exceptionnelle est devenue une icône du Civil Rights Movement et était très amie avec d'autres militants comme Lorraine Hansberry ou James Baldwin.

Dans les années 1980, elle a quitté l'Amérique en raison du racisme qui y règne toujours et vit en Afrique, en Suisse et en France. Elle a particulièrement souffert de troubles bipolaires à cette époque. En 1987, elle a fait son retour et a retrouvé sa gloire d'antan. Nina Simone est décédée en avril 2003 à l'âge de 70 ans.

Richard Wagner

Le compositeur et dramaturge allemand Richard Wagner, né à Leipzig en 1813, a énormément influencé l'histoire de la musique avec ses pièces. Il accordait beaucoup d'importance au texte de ses opéras et fit même construire son propre palais des festivals pour ses pièces ambitieuses. Parmi celles-ci figurent "Tristan et Isolde" et "La Walkyrie".

Son entourage le décrit comme agité et impitoyable, se souciant souvent davantage de ses animaux de compagnie, un chien et un perroquet. En raison de son antisémitisme ouvert et de l'admiration qu'Hitler lui portait, sa musique est souvent associée à quelque chose de mauvais ou à un "côté obscur". Dans de nombreux films, la chevauchée de la Walkyrie, en particulier, est utilisée pour annoncer le mal, comme dans le classique des vampires "Nosferatu" ou le film sur le Vietnam "Apocalypse Now".

Tupac

Tupac Shakur était un rappeur américain de la côte ouest qui a marqué l'histoire du hip-hop avec des chansons comme "All Eyes on Me" ou "Dear Mama" et qui est toujours vénéré aujourd'hui. Au cours de sa carrière, il a vendu environ 75 millions de disques, mais a également fait les gros titres pour ses activités criminelles. Il semble qu'il ait combiné deux facettes : il était un grand fan de Shakespeare et suivait des cours de ballet, tout en s'entourant de gangsters et en étant impliqué dans des fusillades.

De nombreuses célébrités comme Jim Carrey ou Madonna étaient fans de Tupac et étaient ses amis. Avec ses collègues Puff Daddy et The Notorious B.I.G., il passait des heures par jour en studio à produire des tubes. En 1996, à seulement 25 ans, il a été abattu. Suite à cela, il y a toujours eu des rumeurs selon lesquelles il se serait simplement caché et serait toujours en vie. D'une certaine manière, Tupac a effectivement ressuscité en 2012, lorsqu'une projection en 2D de lui a été projetée sur scène lors du festival de musique Coachella.

Udo Jürgens

Udo Jürgens a définitivement percé avec la chanson "Merci, Chérie", qui lui a valu de remporter le Grand Prix en 1966. Des tubes comme "Le vin grec" ou le

générique du dessin animé "Tom et Jerry" ont également-
ment contribué à la célébrité du musicien autrichien.

En tant que compositeur, il a écrit plus de 1000 chansons et a publié 50 albums au total. Sur scène, le thé à la camomille et un rappel en peignoir sont devenus sa marque de fabrique, après que des fans aient refusé de partir après l'un de ses premiers grands concerts et que Jürgens, déjà sorti de sa tenue de scène, ait chanté pour eux une dernière fois en peignoir. Il est aujourd'hui encore considéré comme un pilier de la chanson populaire et a raflé prix sur prix tout au long de sa carrière, y compris un Echo et un Romy pour l'ensemble de sa carrière. Sa comédie musicale "Je n'ai jamais été à New York" a été présentée en première mondiale à Hambourg en 2007 et est devenue un succès auprès du public. Udo Jürgens est décédé en Suisse en décembre 2014.

Wolfgang Amadeus Mozart

Le compositeur salzbourgeois Wolfgang Amadeus Mozart, surnommé "Wolferl", est l'un des plus grands musiciens classiques de l'histoire. Cet enfant prodige de la musique classique a notamment composé l'un des opéras les plus célèbres au monde, "La Flûte enchantée", ainsi qu'un millier d'autres titres. Il a commencé à composer à l'âge de 5 ans et a écrit sa première symphonie à 8 ans. Certains de ses premiers auditeurs pensaient même qu'il était un adulte de petite taille en raison de son talent sur scène. Très tôt, il joua dans les cours royales et accepta commande sur commande. A l'âge de 6 ans, il jouait devant l'impératrice Marie-Thérèse et sa fille Marie-Antoinette, qu'il a rapidement demandée en mariage.

Adulte, il est tombé amoureux de Constanze Weber et l'a épousée en 1782. Malgré son grand succès, il est mort pauvre et malade en 1791, à l'âge de 35 ans seulement. La cause de sa mort était probablement une fièvre rhumatismale qui le tourmentait depuis longtemps.

Grâce à ces sources, vous en apprendrez encore plus sur les pionniers de la musique :
Werner-Jensen, Arnold : *Le livre de la musique*
rollingstone.fr
dhm.de/biographie
popkultur.de/musique
né.le/musique
whoeswho.fr

Politique

Ils sont souvent parodiés, critiqués et se voient presque constamment sous les feux de l'actualité : les hommes politiques. Et pourtant, nous avons besoin d'eux pour garantir l'ordre et la sécurité et pour pouvoir compter sur des leaders forts, du moins en théorie. Voici les personnalités politiques les plus célèbres.

Abraham Lincoln

Abraham Lincoln a été le 16e président des États-Unis de 1861 à 1865, et le premier républicain. Il a pris fait et cause pour l'Union pendant la guerre de Sécession et a gagné la guerre civile. Il est aujourd'hui considéré comme un héros national américain qui a unifié la nation et aboli l'esclavage. Il fut blessé par balle le 14 avril 1865 par un fanatique sudiste alors qu'il assistait à une représentation théâtrale et mourut le lendemain. On dit que quelques jours avant sa mort, il a rêvé d'un attentat contre lui-même.

Angela Merkel

Angela Merkel, femme politique allemande membre de l'Union chrétienne-démocrate (CDU), est devenue la première chancelière de la République fédérale d'Allemagne en 2005. Elle a grandi en RDA, a obtenu un doctorat en physique et s'est engagée très tôt en politique. Avant de devenir chancelière, elle a été ministre de la Famille et ministre de l'Environnement sous Helmut Kohl, puis secrétaire générale de la CDU, présidente de la CDU et chef de l'opposition. Dans sa position, elle était et est toujours considérée comme la femme la plus puissante du monde. Elle est également célèbre pour le "losange Merkel", la position de ses mains devant son ventre en forme de losange, avec laquelle elle est souvent caricaturée.

Barack Obama

Barack Obama est entré dans l'histoire en tant que premier président noir des États-Unis. Né en 1961 à Hawaï, ce démocrate a été le 44e président à occuper ce poste de 2009 à 2017 et a reçu le prix Nobel de la paix au cours de son premier mandat. Au cours de sa présidence, il a surtout dû faire face à la crise financière et économique et à la guerre en Iran, mais il a été salué pour sa réforme du système de santé "Patient Protection and Affordable Care Act", également appelée "Obamacare". Son attitude joviale et ses apparitions dans les médias sociaux l'ont également rendu populaire.

Bill Clinton

De 1993 à 2001, Bill Clinton a été le 42e président des États-Unis. Le démocrate a promu le libre-échange du pays et était surtout apprécié pour avoir permis aux États-Unis de se redresser économiquement. Mais aujourd'hui, on se souvient surtout de Clinton pour ses scandales privés. En 1998, il a été révélé qu'il aurait eu une liaison sexuelle avec une stagiaire, Monica Lewinsky, et qu'il aurait menti à ce sujet. La couverture médiatique de ce scandale a finalement conduit à une procédure de destitution, qui n'a toutefois pas abouti.

Gerhard Schröder

Gerhard Schröder a été le septième chancelier fédéral d'Allemagne de 1998 à 2005 et le premier à gouverner avec une majorité de sociaux-démocrates et d'écologistes (Bündnis 90/Die Grünen). Sur le plan politique, on se souvient surtout de lui pour l'Agenda 2012, un projet de réforme du système social et du marché du travail allemand annoncé en 2003. Schröder voulait ainsi lutter contre le chômage et réduire les dépenses sociales, ce qui a suscité des controverses, y compris au sein du SPD. Depuis la fin de sa carrière politique, Schröder est devenu un avocat et un lobbyiste d'affaires, critiqué pour son poste de président du conseil de surveillance de Nord Stream AG, qui exploite l'oléoduc de la mer Baltique pour transporter le pétrole de Russie.

Helmut Kohl

Né en 1930, l'historien et ministre-président Helmut Kohl a gouverné l'Allemagne en tant que chancelier pendant 16 ans, plus longtemps qu'aucun chancelier avant lui. Sa carrière politique a été marquée par des hauts et des bas, il a été loué par beaucoup pour sa proximité avec le peuple et a été considéré comme le chancelier de l'unité qui a unifié l'Allemagne séparée, tout en étant critiqué pour une affaire de dons au parti en 1999 et pour des accusations de corruption. Sa vie privée a également fait les gros titres, notamment le suicide de sa femme Hannelore et les déclarations de ses fils qui l'ont publiquement critiqué.

John F. Kennedy

John Fitzgerald Kennedy, dit JFK, est considéré comme le président le plus populaire des États-Unis. Il a prêté serment en 1961 et a enthousiasmé la population par son dynamisme et son idéalisme. Il a défendu les droits de la population noire et a fait passer la loi sur la ségrégation raciale. Il est tristement célèbre pour sa mort le 22 novembre 1963, lorsqu'il est abattu devant les caméras à Dallas. L'assassinat a fait l'objet de conspirations et n'a pas été complètement élucidé à ce jour. Son meurtrier serait, selon la plupart des hypothèses, Lee Harvey Oswald, qui a toutefois nié les faits et a été lui-même abattu par un propriétaire de boîte de nuit lors de son transfert à la prison d'État de Dallas.

Konrad Adenauer

De 1949 à 1963, cet homme politique du parti du Centre a été le premier chancelier de la nouvelle République fédérale d'Allemagne. Auparavant, ce juriste avait été maire de Cologne pendant 16 ans, mais il avait été démis de ses fonctions et même parfois arrêté pendant la période nazie. Pendant de longues années, il ramène l'Allemagne détruite à la prospérité, promeut l'économie sociale de marché et l'intégration dans la Communauté européenne et rend la République fédérale souveraine. Au début des années 1960, il perd ses partisans et sa majorité absolue, principalement en raison de la construction du mur. En 1962, il annonce sa démission peu après l'affaire du Spiegel, une querelle entre le ministre de la Défense Franz Josef Strauss et le rédacteur en chef du Spiegel, Rudolf Augstein, qui a finalement conduit à la crise gouvernementale.

L'enquête a révélé que Strauss et Adenauer avaient fait arrêter plusieurs rédacteurs pour trahison sans l'accord du ministère de la Justice.

Ludwig Erhard

Le successeur d'Adenauer, Ludwig Erhard, a gouverné la République fédérale de 1963 à 1966. Il est aujourd'hui considéré comme le créateur du miracle économique allemand, car il a joué un rôle décisif dans la percée de l'économie sociale de marché en République fédérale. Dans son livre "Wohlstand für Alle" (prospérité pour tous), il a décrit avec précision comment il voulait amener de larges couches sociales à la prospérité et à quoi devait ressembler l'économie libre. Son idée de liberté économique combinée à la régulation et au contrôle de l'État a fonctionné. L'économie allemande s'intègre au niveau international, tandis qu'Erhard s'occupe de la construction de logements sociaux et de l'atténuation des conséquences de la guerre. Le plein emploi qui s'installe sous sa direction contribue également à la croissance rapide de l'économie. Après son départ, la République connaît sa première crise économique.

Mahatma Gandhi

Le Mahatma Gandhi, combattant indien de la liberté, est considéré comme un modèle politique, notamment en raison des manifestations pacifiques qu'il a organisées pour s'opposer au pouvoir colonial britannique et à l'oppression de l'Inde. Sa manifestation la plus connue est la marche du sel de 1930, au cours de laquelle il a parcouru 385 kilomètres pour protester contre l'introduction d'une taxe sur le sel.

Des centaines de milliers d'Indiens se joignent à la marche et à ses autres manifestations. Malgré de multiples emprisonnements, Gandhi n'a pas abandonné son combat pacifique jusqu'à ce que l'Inde obtienne son indépendance en 1947. Il a inspiré de nombreux autres militants pacifistes, comme Martin Luther King.

Martin Luther King

Il est le visage du mouvement des droits civiques des années 1960 en Amérique et reste aujourd'hui encore une idole : Martin Luther King. Le prédicateur et président de la Southern Christian Leadership Conference est devenu en très peu de temps le leader charismatique du mouvement des droits civiques, prônant des protestations et des débats pacifiques. Ses armes contre le racisme sont des discours entraînants, notamment le célèbre discours "I Have a Dream", des sit-in et des marches.

En avril 1968, il a été blessé par balle à Memphis et est mort à l'âge de 39 ans seulement. Des manifestations et un deuil ont alors éclaté dans tout le pays. King a également inspiré les mouvements pacifistes de la RDA et est toujours vénéré aujourd'hui.

Ronald Reagan

Ronald Reagan a été acteur et commentateur radio avant de se lancer dans la politique et de devenir le 40e président des États-Unis. Il a gouverné de 1981 à 1989 et était considéré comme le "Great Communicator", le grand communicateur, proche du peuple avec sa femme Nancy Reagan et gagnant des électeurs fidèles grâce à son anticommunisme. Après la guerre du Vietnam et l'affaire du Watergate, il a restauré la confiance des Américains en eux-mêmes, mais il a néanmoins accentué le fossé entre les riches et les pauvres en réduisant les dépenses sociales, ce que l'on appelle aujourd'hui les "Reaganomics".

Willy Brandt

Willy Brandt, de son nom de naissance Herbert Frahm, est l'un des chanceliers les plus populaires d'Allemagne. Il polarisa surtout par son Ostpolitik, dont l'objectif était de normaliser les relations entre la RFA et la RDA. Il sort cependant renforcé d'une motion de censure échouée à son encontre en 1972. Rien ne semble pouvoir nuire au charismatique Brandt. Très tôt, il s'est engagé politiquement et a critiqué le régime nazi depuis son exil.

En tant que chancelier fédéral, il s'est efforcé de faire la lumière sur le nazisme, son agenouillement devant le ghetto de Varsovie a fait le tour du monde et il a reçu le prix Nobel de la paix en 1971. Sa politique de réconciliation lui a valu une reconnaissance internationale et nationale.

Winston Churchill

Winston Churchill reste aujourd'hui encore l'une des personnalités politiques les plus controversées. Issu d'une famille noble, le Britannique a été Premier ministre du Royaume-Uni à deux reprises, de 1940 à 1945 et de 1951 à 1955, et a dirigé son pays pendant la Seconde Guerre mondiale. Grâce à ses discours patriotiques et motivants, Churchill est devenu une figure clé de la résistance contre Hitler et a toujours encouragé les Britanniques à persévérer.

Après la guerre, il est resté un grand homme d'État, a œuvré pour une détente dans la guerre froide et s'est consacré à la peinture et à l'écriture en plus des affaires politiques. Aujourd'hui, Churchill est surtout critiqué pour ses propos racistes et ses convictions impérialistes.

Ici, vous pouvez continuer à vous intéresser aux hommes politiques :

né.le/étatetpolitique

geo.de/geolino/mondialistes

whoswho.fr

Histoire

Vos cours d'histoire remontent à un certain temps ? Ce n'est pas une excuse pour ne pas connaître les personnages importants de l'histoire suivants ! Ils étaient des révolutionnaires, des leaders et des inventeurs - des personnes qui ont changé le cours de l'histoire et qui continuent à influencer la façon dont nous façonnons le monde aujourd'hui.

Albert Einstein

Le physicien Albert Einstein était le super-génie par excellence. Ses réalisations révolutionnaires, comme la théorie de la relativité, sont aujourd'hui considérées comme le fondement de la physique moderne. Il s'est intéressé à la physique atomique et à la physique des particules et a reçu le prix Nobel de physique en 1922 pour ses travaux. En raison de ses origines juives, il n'a pas pu retourner en Allemagne après des années de succès aux États-Unis, c'est pourquoi il est resté à Princeton jusqu'à sa mort en 1955. Trois ans plus tôt, on lui avait proposé de devenir président d'Israël. Il refusa en disant qu'il n'avait pas assez d'expérience et qu'il était trop âgé pour exercer des fonctions officielles.

Alexandre le Grand

Alexandre le Grand est toujours considéré comme un conquérant mondial accompli. Il a vécu de 356 av. J.-C. à 323 av. J.-C. et était roi de Macédoine ainsi que l'un des meilleurs généraux et hommes politiques de son époque. Grâce à son instinct stratégique et à son indomptable volonté de puissance, il a conquis un grand nombre de pays, correspondant au territoire actuel de la Grèce, de la Turquie, de la Syrie, du Liban, d'Israël, de la Jordanie, de l'Égypte, de l'Irak, de l'Iran, de l'Afghanistan et du Pakistan.

L'un de ses objectifs était d'unifier les peuples afin de surmonter les différences ethniques, politiques et culturelles au sein de son empire. Avant d'y parvenir, il mourut d'une infection à Babylone. Son empire s'est ensuite effondré, mais ce qui a subsisté, c'est "l'hellénisme", la fusion des cultures grecque et orientale.

Alexander von Humboldt

Né à Berlin en 1769, Alexander Humboldt est l'un des plus grands scientifiques allemands. Un courant marin, un cratère lunaire et un lys portent le nom de l'explorateur. Après une carrière dans les mines, Humboldt a commencé à se consacrer à l'étude des plantes et des animaux en voyageant dans le monde entier. Il a effectué des mesures géographiques et météorologiques et s'est rendu au Venezuela, à Cuba, dans les Andes, au Mexique et aux États-Unis de 1799 à 1804 avec son compagnon de voyage Aimé Bonpland.

Ensemble, ils ont collecté une quantité incroyable d'échantillons botaniques et géologiques, influençant ainsi la cartographie, la volcanologie, la botanique, la zoologie, l'ethnologie et d'autres domaines scientifiques. Humboldt n'était pas seulement un scientifique et un homme sociable, c'était aussi un idéaliste des Lumières qui condamnait l'esclavage et s'engageait pour la justice.

Amelia Earhart

Icône du féminisme, Amelia Earhart est l'une des pilotes les plus célèbres de l'histoire. Elle commence à voler à l'âge de 23 ans et établit son premier record du monde en 1922 en volant à 4.3000 mètres d'altitude. Aucune femme avant elle n'a jamais volé plus haut dans les airs. En 1932, elle est la première femme à traverser l'Atlantique en solitaire et reçoit pour cela la médaille d'honneur de la ville de New York, elle est enfin reconnue internationalement. Lors de sa dernière grande

mission, un tour du monde, cette pilote d'exception disparaît en 1937, son corps ne sera jamais retrouvé.

Anne Frank

Née en 1929 à Francfort-sur-le-Main, Anne Frank et sa famille ont dû entrer dans la clandestinité en 1942, car ils étaient juifs et persécutés par les nazis. Auparavant, les Frank avaient émigré aux Pays-Bas et avaient passé des années heureuses à Amsterdam. Mais là encore, ils n'étaient pas à l'abri des nazis et devaient se cacher. Pendant cette période d'angoisse, Anne écrivait dans son journal intime, qu'elle appelait affectueusement "Kitty".

En 1944, la cachette de la famille est prise d'assaut et tous ses membres se retrouvent dans des camps de concentration. Anne et sa sœur y sont mortes du typhus peu avant la fin de la guerre, le seul survivant de la famille étant son père Otto Frank, qui a publié le journal d'Anne en 1947, conformément au souhait exprimé précédemment par sa fille. Le journal est aujourd'hui l'une des œuvres les plus lues au monde et constitue une part importante de l'histoire contemporaine.

Charles Darwin

Au XIXe siècle, le naturaliste Charles Darwin a largement contribué à la théorie de l'évolution et a posé les bases de la recherche sur l'origine des différentes espèces. Né en 1809 en Angleterre, il s'est intéressé très tôt aux phénomènes naturels. Il a effectué son premier voyage important, un tour du monde, en 1831 à bord du HMS Beagle, au cours duquel il a collecté de nombreux animaux, plantes et échantillons de roches. Sa théorie de l'évolution était initialement basée sur l'observation d'espèces de pinsons diversement développées, puis il l'a appliquée aux singes et a établi un lien avec l'homme. L'Église, en particulier, a été horrifiée par l'idée que l'homme n'était pas un être créé séparément et qu'il était apparenté aux singes. Mais la science donne raison aux théories de Darwin, qui ont profondément marqué notre vision du monde.

Sur la base des théories de Darwin, le "darwinisme social" s'est également développé, appliquant la théorie du "plus fort survivant" aux structures sociales, et a joué un rôle déterminant dans la société de la fin du XIXe siècle.

Isaac Newton

Presque tout le monde connaît la fameuse histoire de la pomme qui tombe, qui a conduit le physicien mondialement connu Isaac Newton à la théorie de la gravité. Né en 1726, le Britannique a appris très tôt à se débrouiller seul, notamment parce que toutes les universités étaient fermées depuis un certain temps en raison de la peste. Il étudia entre autres des problèmes d'algèbre, de mécanique et d'optique, et le fit principalement seul. Newton a pris les critiques très à cœur, ce qui l'a poussé à se retirer de plus en plus de la vie publique au fil des années.

Avec sa publication "Mathematische Prinzipien der Naturlehre", il fonde la théorie de la gravitation et relie les théories de Johannes Kepler et de Galileo Galilei. Aujourd'hui, le "pendule de Newton", une petite structure dans laquelle plusieurs sphères sont reliées entre elles et dont les deux extérieures peuvent transmettre des impulsions de choc à toutes les sphères - un jouet populaire pour les bureaux - rappelle notamment son souvenir.

Jeanne d'Arc

Jeanne d'Arc, également connue sous le nom de Jeanne d'Arc ou de la Pucelle d'Orléans, est une héroïne nationale française canonisée par l'Église chrétienne. Elle est née à l'époque de la guerre de Cent Ans entre l'Angleterre et la France et a eu ses premières visions à l'âge de 13 ans. Celles-ci lui auraient prédit qu'elle libérerait son pays en tant que guerrière.

Quatre ans plus tard, elle se présenta devant la maison royale française en se présentant comme un ange envoyé par le ciel. Et en effet, peu de temps après, elle mena des troupes en armure de chevalier à Orléans, motivée par son chef, les Français vainquirent les Anglais dans presque tout le sud de la France. En tentant de libérer Paris, Jeanne fut arrêtée et brûlée sur le bûcher à l'âge de 19 ans. Pour les Français, elle est depuis lors une sainte martyre qui a combattu courageusement pour son pays. En 1920, elle a été canonisée et de nombreux écrivains tels que Bertolt Brecht, Friedrich Schiller et William Shakespeare se sont inspirés de son histoire.

Cléopâtre

La dernière femme pharaon, Cléopâtre VII, est née en 69 av. J.-C. et a commencé à régner à l'âge de 18 ans. Elle s'est efforcée de défendre son royaume contre la grande puissance mondiale, Rome, et de le rendre indépendant. Pour cela, elle a même contracté la fameuse liaison avec Jules César, qui a consolidé sa domination égyptienne. César n'est pas le seul à être tombé amoureux de cette femme à la beauté légendaire.

Après une guerre civile déclenchée par le petit-neveu de César, Octave, le couple souverain tomba en disgrâce et se suicida en 30 avant J.-C.. Après deux mille ans, Cléopâtre est toujours considérée comme une figure féminine de pouvoir et de force en raison de son habileté politique et de ses rituels de beauté bien connus.

Malala Yousafzai

Née en 1997, Malala Yousafzai est déjà une figure importante de l'histoire. Elle est la plus jeune lauréate du prix Nobel de la paix, qui lui a été décerné pour son travail en tant que militante des droits de l'enfant. Elle a défendu les droits des femmes et des enfants alors qu'elle n'avait elle-même que 11 ans. Lorsque les talibans ont pris le contrôle de son pays natal, le Pakistan, en 2007, elle a écrit un blog sur les graves attentats et la terreur que subissaient ses compatriotes. Elle a notamment évoqué le fait que les filles n'étaient plus autorisées à aller à l'école. En peu de temps, elle est devenue célèbre dans le monde entier et est apparue à la télévision, ce qui a poussé les talibans à tirer sur Malala en octobre 2012. Grièvement blessée, la jeune fille a survécu et a reçu encore plus d'attention par la suite. Depuis 2017, elle est également ambassadrice de la paix des Nations unies.

Marie Curie

La première femme à avoir reçu le prix Nobel est Marie Curie, physicienne et chimiste, dont les recherches ont changé le monde. Pendant longtemps, elle a dû travailler comme enseignante et n'a pu faire de la recherche qu'en privé, car les femmes n'étaient pas admises dans les universités polonaises à la fin du 19ème siècle. Heureusement, Curie a obtenu une place à l'université de Paris et son talent lui a permis de décrocher des bourses. Avec son mari Pierre Curie, elle découvre la radioactivité en préparant sa thèse de doctorat et l'étudie dans le but de soigner des maladies grâce à elle. Pour la première fois, Curie est reconnue internationalement et devient peu après la première femme à enseigner activement la physique à l'Université de la Sorbonne.

En 1911, elle reçoit un second prix Nobel, puis elle aide volontairement les soldats blessés pendant la Première Guerre mondiale en leur fournissant des installations de radiologie mobiles et donne de nombreuses conférences. En 1935, Curie meurt à cause de la radioactivité à laquelle elle s'est exposée pendant des décennies.

Napoléon Bonaparte

Napoléon Bonaparte est né en 1769 et a eu une influence considérable sur le 18ème siècle. Ce noble français a été déclaré général pendant la Révolution française et est devenu au fil des ans un héros de la nation. En 1799, la révolution prend fin et Napoléon devient empereur et autocrate de la France. Il reconstruit le pays et assure la paix sur le plan intérieur, tout en se rebellant contre d'autres pays et en entrant en guerre contre la Grande-Bretagne, la Prusse et la Russie. En 1807, la paix est rétablie entre les pays, mais les Anglais ne quittent pas Napoléon. En raison de troubles et de luttes de pouvoir, il se retira, fut exilé sur une île de l'Atlantique Sud et y mourut d'un cancer en 1821. Aujourd'hui encore, Napoléon apparaît comme un héros de guerre dans les films, les séries et les livres.

Ramsès II

Ramsès II est considéré comme l'un des souverains les plus importants de l'Égypte ancienne et a régné pendant 66 ans, de 1279 à 1213 av. J.-C. Le pharaon est surtout connu aujourd'hui pour sa mégalomanie ; il a fait construire de nombreuses statues à son effigie pendant son mandat, ainsi qu'un immense temple funéraire appelé "Ramesseum" et une nouvelle capitale. À bien des égards, il a mérité sa renommée, car sous son règne, l'Égypte a connu une période de paix et de prospérité. Il fut père de près de cent enfants et s'est également immortalisé avec les temples rupestres d'Abou Simbel, qui restent aujourd'hui encore une image symbolique de l'Empire égyptien. Le pharaon qui a régné le plus longtemps a plus de 80 ans et semble être encore vénéré aujourd'hui, par de nombreux scientifiques qui étudient sa momie bien conservée.

Thomas Alva Edison

L'ingénieur et entrepreneur Thomas Edison est pour beaucoup le plus grand inventeur de l'histoire mondiale. Il a vécu de 1847 à 1931 et a révolutionné la vie quotidienne, notamment en améliorant l'ampoule électrique (qu'il n'a pas vraiment été le premier à inventer). Il a également mis au point des interrupteurs, des douilles, des fusibles et le premier phonographe, qui a permis pour la première fois d'enregistrer et de reproduire des voix.

Ses 1093 brevets lui rapportent, en plus de la gloire et de la reconnaissance, plusieurs millions de dollars. Contrairement à de nombreux autres inventeurs de l'histoire, Edison était habile à commercialiser ses nombreuses inventions et à trouver les bons investisseurs. Il est aujourd'hui certain que l'inventeur a en outre cherché sans scrupule à écarter des concurrents tels que Nikola Tesla et George Westinghouse. Il a ainsi tenté de dénigrer publiquement le courant alternatif de Westinghouse en tuant des chiens, des chats et finalement même un éléphant lors de démonstrations par courant alternatif. Ces expériences ont finalement conduit au développement de la chaise électrique.

Vous pouvez en apprendre encore plus sur les personnages les plus importants de l'histoire grâce à ces sources :

Bergh, Hendrik van : *Les hommes qui ont changé le monde*

Big Ideas : *Le livre d'histoire. Les grands événements expliqués simplement*

planet-wissen.de/histoire/personnalités

né(e) le/top100

Philosophie

Pourquoi vivons-nous ? Sommes-nous des êtres auto-déterminés ? À quoi peut ressembler une société juste ? Ces questions essentielles, et bien d'autres encore, sont posées par ces penseurs et philosophes depuis un certain temps. Leurs théories, qui vont du bizarre au révolutionnaire en passant par l'intéressant, sont toujours d'une actualité brûlante.

Aristote

Génie universel, Aristote n'était pas seulement un philosophe, mais aussi un biologiste, un physicien et un scientifique. Il a vécu 300 ans avant J.-C. et est l'une des personnes les plus influentes de l'Antiquité, avec notamment Alexandre le Grand comme élève. Il a fondé sa propre école à Athènes, le Lykeion, et a enseigné la théorie de la rhétorique, la littérature et les sciences naturelles. Il s'intéressait particulièrement à la logique et à l'étude de la nature, et soutenait que l'homme ne pouvait pas vivre sans société.

Aristote savait établir des liens entre ses recherches et les transformer en doctrines plus larges. Parmi ses œuvres les plus importantes, on trouve, outre la Rhétorique, la Poétique, la Métaphysique, la Politique et l'Organon.

Arthur Schopenhauer

Professeur d'université et philosophe, Arthur Schopenhauer est né à Gdansk en 1788 et s'est notamment inspiré d'Emmanuel Kant et de Platon. Il a forgé le concept d'idéalisme subjectif et était un grand adepte du bouddhisme. Dans son œuvre principale "Le monde comme volonté et comme représentation", Schopenhauer décrit que la vie est toujours liée à la souffrance et que l'on peut échapper brièvement à cette souffrance par l'art et la musique. Selon lui, la souffrance fondamentale de la vie oblige tous les hommes à faire preuve de compassion envers les autres et la souffrance ne peut être écartée que par le renoncement complet à tous les désirs. La compassion est également importante pour surmonter l'égoïsme inné de l'homme. Schopenhauer a influencé de nombreux autres savants comme Goethe, Nietzsche, Einstein ou Tolstoï.

Friedrich Nietzsche

"Dieu est mort !" C'est sans doute la citation la plus célèbre du philosophe Friedrich Nietzsche. L'homme à la grande moustache est né en 1844 dans l'actuelle Saxe-Anhalt et n'a effectivement acquis une reconnaissance nationale et internationale qu'après sa mort. Sa philosophie s'inscrit notamment au nom de la critique de la religion et du doute sur l'homme, Dieu et la morale.

Son œuvre principale est "Ainsi parlait Zarathoustra", une œuvre philosophique et lyrique classée par certains comme une tragédie, par d'autres comme une parodie de la Bible. Sa théorie du "surhomme", intellectuellement supérieur à tous les autres, a été utilisée plus tard par les nazis dans le cadre de leur idéologie raciale.

Georg Wilhelm Friedrich Hegel

Si vous citez Hegel dans une discussion, vous serez perçu comme quelqu'un de cultivé ou de prétentieux - ou les deux. En fait, les théories de Hegel, et surtout son langage, font partie des sujets les plus complexes de la philosophie. Le penseur du siècle et "roi de la pensée" de Prusse est surtout connu pour sa philosophie de l'esprit du monde, selon laquelle le monde est toujours en mouvement et en changement et qu'une époque historique succède à une autre selon un principe de mouvement logique. Comme la croissance d'une plante, la phase de maturité du monde obéit à un principe interne, à une logique propre. Pour lui, Dieu est un esprit du monde qui réunit en lui la somme de toutes les époques et qui n'était pas déjà là depuis le début de l'histoire. Cela lui valut des critiques, notamment de la part de l'Église. Hegel était également un représentant de l'absolutisme éclairé et voyait en la Prusse un État qui avait atteint le maximum de la liberté.

Hannah Arendt

Née en 1906, la philosophe et publiciste juive germano-américaine Hannah Arendt s'est intéressée de près aux thèmes du pouvoir, du totalitarisme et du nazisme. Pendant le nazisme, elle a été témoin de la privation des droits et de la persécution des Juifs, a été brièvement détenue par la Gestapo en 1933, puis a émigré aux États-Unis où elle a écrit des chroniques pour un journal d'émigrés juifs allemands. Elle a couvert le procès Eichmann à Jérusalem en 1961, a écrit l'ouvrage politique "Éléments et origines de la domination totale" et a inventé l'expression "banalité du mal". Ses textes et ses enseignements hautement intellectuels sont toujours d'actualité au 21e siècle.

Emmanuel Kant

Emmanuel Kant est le plus grand philosophe du siècle des Lumières et est surtout connu pour sa phrase "Aie le courage de te servir de ta propre raison". Il a vécu de

1724 à 1804 et n'a effectivement jamais quitté sa ville natale de Königsberg, dans l'ancienne Prusse. Son œuvre principale, "Critique de la raison pure", fut publiée en 1781 et traitait des questions du libre arbitre et de la destinée des hommes, exerçant ainsi une grande influence sur le monde philosophique.

Il est également connu pour son impératif catégorique, le principe de base de l'action humaine selon Kant : chaque homme est seul responsable de ses actes et personne ne devrait faire à autrui quelque chose qu'il ne voudrait pas que cela lui arrive.

Jean-Jacques Rousseau

Jean-Jacques Rousseau a toujours été un personnage controversé, considéré comme un misogyne et un père corbeau, en même temps qu'un épris de justice et une figure des Lumières. Né en 1712, il découvre très tôt les voyages et la discussion. Sa philosophie traite principalement de l'éducation de l'homme et de la condition humaine en elle-même. L'une de ses idées les plus marquantes est que l'homme est fondamentalement bon et que seules l'éducation et la société le rendent mauvais. Sa théorie du libre arbitre a également eu une influence sur les siècles suivants, car il était convaincu de la raison humaine et des droits individuels.

Cela a constitué la base de la Révolution française et a influencé de nombreux philosophes comme Kant, Marx ou Hegel. Ses théories sur l'éducation, qui prônent le libre développement de la personnalité de l'enfant, sont également célèbres.

Jean-Paul Sartre

Philosophe, dramaturge et romancier, Jean-Paul Sartre est considéré comme le principal représentant de l'existentialisme et compte parmi les intellectuels français les plus importants du XXe siècle. Il a marqué l'Europe de l'après-guerre, notamment avec son œuvre majeure "L'être et le néant". Il y décrit que l'être est divisé en un être en soi qui existe et un être qui est conscient de son existence et qui existe donc pour soi. Cela implique la liberté de se définir soi-même en tant qu'être humain, principalement par ses propres actions. Sartre s'est engagé politiquement contre l'occupant allemand, a été brièvement capturé et a travaillé comme écrivain indépendant après la guerre. En 1964, il devait recevoir le prix Nobel de littérature, mais il le refusa.

Sa dernière apparition controversée remonte à 1974, lorsqu'il a rendu visite au terroriste de la RAF Andreas Baader en prison.

John Locke

Le philosophe anglais John Locke est considéré comme le fondateur du libéralisme. Il est né en 1632, a étudié la médecine et a pratiqué la médecine. Il a également été actif en politique, ce qui a eu un impact sur sa philosophie. Locke a soutenu que l'État était responsable de la protection de la propriété, de la liberté et de la vie de ses citoyens. Plus tard, cela devait en principe influencer toutes les constitutions des gouvernements libéraux. Sa philosophie de l'État prévoyait une séparation des pouvoirs dans laquelle les pouvoirs exécutif et législatif étaient indépendants l'un de l'autre, s'opposant ainsi à l'absolutisme. De plus, Locke a forgé la théorie de la connaissance selon laquelle les gens naissent "tabula rasa", c'est-à-dire qu'ils sont vierges avant de connaître les choses. Il a notamment écrit "Deux traités sur le gouvernement" et "Un essai sur l'esprit humain".

Confucius

Confucius est probablement l'un des philosophes les plus cités de l'histoire de l'humanité. Cet érudit chinois a vécu de 551 av. J.-C. à 479 av. J.-C., alors que la Chine était en pleine guerre civile. Il s'est penché sur les moyens de ramener le calme et l'unité dans le pays et a surtout prêché le retour à la morale et au sens du devoir. Il enseignait à ses élèves, riches et pauvres, à être travailleurs et gentils, à tenir leurs promesses et à considérer l'envie ou le mécontentement comme des sentiments inutiles. Selon Confucius, la paix ne peut être établie que si tous les hommes apprennent à mener une vie bonne et vertueuse. Il n'a jamais pensé aux dieux ou à d'autres puissances supérieures, comme le faisaient par exemple les Grecs en leur temps. Il se préoccupait avant tout de la vie quotidienne. Après sa mort, les disciples de Confucius ont diffusé ses enseignements dans le livre "Lunyu". Lorsque la Chine a été unifiée, vers 200 avant J.-C., les dirigeants ont élevé ses enseignements au rang de religion, le confucianisme.

Karl Marx

Très peu de personnes ont eu, par leurs pensées, autant d'influence sur les hommes de leur époque et sur les générations suivantes que l'économiste, théoricien de la société, journaliste et philosophe Karl Marx.

Comme son collègue Friedrich Engels, Marx, né en 1818, était le leader du mouvement ouvrier du XIXe siècle et poursuivait l'objectif d'une société sans classes, dans laquelle tous les biens seraient partagés et où il n'y aurait ni riches ni pauvres. Dans son utopie, tout le monde possède la même chose et tout appartient à tout le monde. Cette doctrine du marxisme appelait les prolétaires à se retourner contre les capitalistes. Marx et Engels ont consigné leurs idées dans leur "Manifeste communiste", un ouvrage encore très lu aujourd'hui. Marx a ensuite écrit un autre livre à succès, "Le Capital". Aujourd'hui encore, il existe des pays comme la Chine où le communisme est strictement appliqué.

Platon

Platon, disciple de Socrate et l'un des plus importants philosophes grecs, est né en 428 avant J.-C. et est issu d'une famille aisée. Parmi ses enseignements figure en premier lieu la théorie des idées, résumée dans l'exemple de l'allégorie de la caverne. Dans l'allégorie de la caverne, des personnes sont attachées dans une grotte et ne voient jamais que l'ombre des objets sur la paroi rocheuse.

Les ombres sont pour eux la réalité, même si l'un d'entre eux se libère et reconnaît la réalité - les autres ne le croiront pas. Selon Platon, il existe un monde des sens, que nous percevons avec nos sens et qui peut nous tromper, et un monde des idées, dans lequel les choses sont immuables et qui n'est pas perceptible par les sens. Platon était en outre un défenseur de la raison et a exposé sa vision de l'État parfait dans "L'État". Il prônait l'éducation des filles et était convaincu de leur bon sens.

René Descartes

Le Français René Descartes, né en 1595, est considéré comme un grand sceptique de la philosophie, qui a toujours remis en question le monde, lui-même et Dieu. Ce génie universel s'est consacré à d'autres disciplines que la philosophie, comme les mathématiques et l'astronomie, mais il préférait s'occuper des grandes questions. Il a notamment avancé la thèse selon laquelle la réalité n'existe pas vraiment, mais n'est qu'un rêve. Cela l'a amené à une autre ligne de pensée : "Si je doute, je pense, si je pense, alors je dois exister". De là est née l'une des plus célèbres citations philosophiques : "Cogito ergo sum", en français "Je pense, donc je suis".

Descartes s'est toujours attiré des ennuis avec ses idées radicales, en particulier l'Église, qui a été horrifiée par ses idées et a interdit ses livres. Mais cela n'a pas empêché ses enseignements de devenir les plus importants des temps modernes.

Socrate

Si, à son époque, beaucoup le regardaient avec méfiance, Socrate est aujourd'hui considéré comme le fondateur de la philosophie. Ce n'est que grâce à ses disciples attentifs que nous connaissons aujourd'hui ses enseignements influents, dans lesquels le penseur, né en 469 av. J.-C., philosophe sur la justice et le sens de la philosophie en soi.

Ses pensées nous sont parvenues principalement sous forme de dialogues, et il se rendait souvent sur les places publiques pour donner ses enseignements. Il était convaincu que tout le monde avait la vérité en soi, mais qu'il fallait la faire émerger en posant des questions précises. Chacun porte en lui l'amour, la vertu, la connaissance de soi et la justice, et la méchanceté est toujours née de l'ignorance. Outre les questions éthiques, Socrate s'est également intéressé aux problèmes de logique. Il a été exécuté en 399 av. J.-C. pour blasphème et outrage à l'État, mais il a refusé une offre d'aide pour s'échapper, car il était prêt à mourir pour sa cause. C'est surtout son disciple Platon qui a transmis la pensée de son maître.

Envie de découvrir d'autres grands philosophes et leurs enseignements ? Consultez ces sources :

Poller, Horst : *Les philosophes et leurs idées essentielles. Un aperçu historique*

Landau, Cecile : *Le livre de philosophie. Les grandes idées et leurs penseurs*

stern.de/zehndenkerkompakt

philosophenlexikon.de

né.le/philosophes importants

Faits géographiques

La superficie de l'Europe

La superficie totale du continent européen est d'environ 10.500.000 km², ce qui en fait la deuxième plus petite partie du monde après l'Australie. La superficie de tous les pays de l'Union européenne est d'environ 4.500.000 km², la France étant le plus grand pays de l'UE et Malte le plus petit.

Le plus long fleuve d'Europe

Le plus long fleuve d'Europe est la Volga, qui s'étend sur environ 3.530 km, suivie du Danube avec 2.850 km et de l'Oural avec 2.428 km. La Volga prend sa source dans l'ouest de la Russie et se jette dans la mer Caspienne. Elle compte environ 200 affluents majeurs et est reliée par des canaux à la fois à la mer Baltique, à la mer Noire et à l'océan Arctique.

La plus haute montagne d'Europe

L'Elbrouz, qui culmine à 5 642 mètres, est considéré comme le plus haut sommet d'Europe. Ce volcan recouvert de glaciers se trouve sur le territoire russe, à la frontière avec l'Asie, et n'est donc pas toujours considéré comme une montagne européenne. Son "adversaire" est donc le Mont Blanc, qui culmine à 4.800 m, le plus haut sommet des Alpes. Qui porte le titre de plus haute montagne d'Europe est donc une question de définition de la frontière intra-eurasienne.

Mer du Nord européenne

L'océan Arctique européen se situe entre la Norvège, l'Islande et le Spitzberg et couvre une superficie d'environ 1,1 million de km². En tant que mer périphérique de l'Océan Atlantique, elle constitue un lien important entre l'Atlantique Nord et l'Océan Polaire Nord. Son importance économique est due à la pêche et aux réserves de pétrole et de gaz naturel dans les fonds marins.

Espace économique européen

Banque centrale européenne

La Banque centrale européenne (BCE) a été créée en 1998 et a son siège à Francfort-sur-le-Main. Sa mission est de gérer l'euro, de garantir la stabilité des prix et de mettre en œuvre la politique économique et monétaire de l'UE. L'objectif principal est la création d'emplois et la croissance économique à l'échelle européenne.

Afin de maintenir l'équilibre des taux de change, la BCE gère les réserves de change et achète ou vend des devises. Elle est également responsable des systèmes de paiement, contrôle les autorités nationales qui supervisent les marchés et les institutions financières et assure la stabilité des systèmes bancaires européens. L'organe de décision de la BCE est le Conseil des gouverneurs, tandis que le Directoire, composé du président, du vice-président et d'autres membres, supervise les activités quotidiennes de la BCE. Les gouverneurs des banques centrales nationales des pays membres de l'UE siègent au Conseil général afin d'assurer une coordination commune. Les banques centrales nationales forment ensemble le Système européen de banques centrales.

Commerce intérieur de l'UE

Environ deux tiers du commerce de marchandises de l'UE se fait à l'intérieur de ses frontières. Le marché intérieur de l'UE est donc d'une grande importance économique pour tous les Etats membres. Des marchandises d'une valeur de plusieurs milliards d'euros sont exportées et importées chaque année par les différents pays à l'intérieur des frontières de l'UE. L'importance du marché intérieur est plus grande pour certains pays que pour d'autres. Les plus grands exportateurs sont généralement l'Allemagne, les Pays-Bas, la

France et la Belgique. L'Allemagne est également l'un des principaux importateurs, avec la France, le Royaume-Uni et l'Italie.

Commerce extérieur de l'UE

Bien entendu, le commerce extérieur de l'UE est également important pour les pays. Entre 2003 et 2017, les exportations extra-UE sont passées de 862 à 1.879 milliards d'euros, soit une augmentation de plus de 100 %. L'Allemagne, la France, les Pays-Bas et l'Italie sont les leaders du commerce avec les pays hors UE. Ils représentent près de 60 à 70 % des exportations et des importations extra-UE. Le Royaume-Uni contribuait lui aussi largement au commerce extérieur de l'UE avant le Brexit, mais il fait désormais partie des pays avec lesquels l'Europe a elle-même un accord commercial.

Partenaires commerciaux de l'UE

Le total des exportations de marchandises extra-UE s'élève à environ 1,9 milliard d'euros. Les États-Unis, la Chine, la Suisse et la Russie comptent parmi les principaux débouchés. Le commerce d'exportation est également important avec le Japon, la Norvège, la Corée du Sud et l'Inde. L'UE importe la plupart de ses marchandises de Chine, des États-Unis, de Russie, de Suisse et de Norvège. Depuis 2013, l'UE a une balance commerciale positive, ce qui signifie qu'elle exporte plus de marchandises qu'elle n'en importe.

Politique européenne

Population

L'UE compte environ 448 millions d'habitants. La plus grande densité de population est celle de l'Allemagne, avec 83,2 millions d'habitants, ce qui en fait l'État membre le plus peuplé de l'UE. La population totale la plus faible est celle de Malte, un État insulaire du sud de l'Europe, avec environ 0,5 million d'habitants.

Union européenne

L'Union européenne compte 27 États membres au total et a été créée en 1993. L'Union européenne a pour objectif la liberté, la sécurité et l'État de droit, ainsi que la préservation des valeurs européennes. L'objectif est d'œuvrer ensemble à la prospérité sociale et économique et de prévenir toute forme d'injustice et de discrimination. En outre, la dignité humaine, la démocratie, l'égalité, l'État de droit et les droits de l'homme sont les principales valeurs de l'UE. Une monnaie commune, un marché unique fort et plusieurs institutions démocratiques doivent garantir le respect de ces valeurs.

Cependant, à côté de beaucoup de soutien mutuel et de solidarité, il y a aussi du scepticisme vis-à-vis de l'UE. Si certains critiquent le système de l'Union en tant que tel, d'autres ne sont pas satisfaits de certains aspects comme la monnaie unique. D'autres critiquent des décisions politiques concrètes, comme les partisans du Brexit, pour qui la gestion de la crise des réfugiés en Europe en 2015 a été déterminante dans la demande de séparation du Royaume-Uni de l'Europe.

D'autres critiques portent sur le grand pouvoir de l'UE. Ils estiment que les décisions sont souvent prises par-dessus la tête des États. De plus, la mise en œuvre des décisions prend souvent beaucoup de temps, voire aucun accord n'est trouvé.

Alors que les pays riches se plaignent souvent de devoir soutenir les pays plus pauvres, les États membres plus pauvres demandent plus d'égalité. Dans l'ensemble, il y a toujours des raisons de critiquer l'UE et ses actions. Néanmoins, selon les sondages, la plupart des citoyens européens soutiennent l'Union européenne et sont convaincus de son concept. Cela est dû en grande partie à la prospérité de l'économie, à la paix entre les États membres, au niveau des prestations sociales au sein de l'UE et aux avantages tels que les programmes d'échange d'étudiants.

Migration

La migration est toujours un sujet important au sein de l'UE et donne lieu à des discussions. L'UE cherche avant tout à protéger ses frontières extérieures, à coopérer avec des pays comme la Turquie ou les pays africains, à protéger les migrants et à arrêter les passeurs. Ce dernier point est particulièrement important, car les passeurs profitent de la souffrance des personnes en fuite et les font entrer clandestinement en Europe en échange de sommes d'argent importantes, l'Allemagne étant la destination numéro un de nombreux réfugiés. Ces activités ne sont pas seulement illégales, elles sont également dangereuses pour la vie. Des milliers de réfugiés ont déjà perdu la vie sur les routes dangereuses des passeurs, en Méditerranée devant les côtes des pays de destination ou entassés dans des conteneurs et des camions.

L'UE s'efforce d'attraper les passeurs et d'offrir une protection aux personnes en fuite. En effet, d'un point de vue juridique, l'UE est tenue d'accueillir les personnes qui ont besoin d'une protection internationale dans l'un de ses États membres. La Convention de Genève de 1951, premier traité universel de protection des réfugiés, stipule déjà que les réfugiés ont droit à la protection, à la liberté de religion et de mouvement, à l'éducation et au travail. Elle interdit surtout de renvoyer les réfugiés dans les pays où ils sont menacés, par exemple par la guerre ou la persécution.

Bien que de nombreux réfugiés aient déjà été accueillis et intégrés en Europe, de nombreux problèmes subsistent. L'entrée légale dans des pays tels que l'Allemagne ou la Suède est une affaire de longue haleine et implique beaucoup de paperasserie. Sans l'aide des organisations humanitaires, beaucoup ne pourraient même pas faire les démarches nécessaires, car de

nombreuses administrations sont débordées et surch-
argées.

Le camp de réfugiés de Moria, sur l'île grecque de
Lesbos, a montré à quel point la situation était catastrophique pour certains candidats à la protection européenne. Conçu pour accueillir à peine 3.000 personnes, le camp a été partiellement occupé par 20.000 personnes, les conditions ont été inacceptables pendant
des années et de nombreuses familles ont souffert de
ces circonstances. Lorsque le camp a été incendié en
septembre 2020, plusieurs milliers de personnes ont
perdu leur refuge, se sont retrouvées sans abri et
l'Union a été manifestement dépassée. L'UE a été très
critiquée au niveau international pour cette catastrophe, et la situation des migrants ne s'améliore que lentement.

Parlement européen

Le Parlement européen (PE) est composé de députés
élus directement par les citoyens des États membres
pour un mandat de cinq ans. Le PE est donc la seule
institution de l'UE à être directement élue par les Européens en âge de voter. Le nombre de députés dépend
de la taille de la population de chaque pays. Depuis le
Brexit, le nombre total de députés est de 704, plus bien

sûr le président. Des groupes politiques sont formés au sein du Parlement, en fonction des orientations politiques et non des nationalités.

Les assemblées du Parlement se tiennent à Strasbourg, les réunions des groupes politiques et des commissions spécialisées à Bruxelles. Avec le Conseil de l'UE, le Parlement européen agit en tant que législateur et contrôle la Commission européenne ainsi que le budget de l'UE. La législation élaborée par le Parlement concerne la vie quotidienne de tous les Européens. Il s'agit par exemple de l'importation et de l'exportation de marchandises, de la réglementation des services, des transports au sein de l'UE ou de la protection de l'environnement. Les sessions parlementaires peuvent être suivies en ligne, en direct et dans toutes les langues.

Conseil de l'Union européenne

Le Conseil de l'Union européenne est un autre organe politique de l'UE. Il réunit les ministres des pays de l'UE pour discuter de la législation et du budget de l'UE, tout comme le Parlement. Le Conseil et le PE constituent donc ensemble le principal organe décisionnel de l'UE. En outre, le Conseil coordonne les politiques des pays de l'UE, participe à la politique étrangère et de sécurité de l'UE et conclut des accords entre l'Union et d'autres

États ou organisations internationales. Le Conseil n'a pas de membres permanents, mais se réunit en fonction des thèmes abordés - par exemple, s'il s'agit de l'économie et des finances, ce sont les ministres des finances des pays membres qui se réunissent. Les réunions des ministres de l'UE sont publiques et peuvent également être suivies en direct sur Internet. Pour qu'une décision soit adoptée, 55% des pays doivent être d'accord et ceux-ci doivent représenter 65% de la population totale de l'UE. Certains sujets, comme la politique étrangère ou la fiscalité, requièrent toutefois l'unanimité.

Commission européenne

La Commission européenne est chargée de mettre en œuvre les décisions du Parlement européen et du Conseil de l'UE, il s'agit donc d'un organe exécutif de l'UE politiquement indépendant. La Commission peut soumettre au vote de l'organe décisionnel principal des propositions législatives représentant les intérêts des citoyens de l'UE, avec le soutien d'experts. Elle élabore également des budgets annuels avec le Conseil et le Parlement, contrôle les dépenses et veille au respect de la législation européenne par tous les États membres. Plus important encore, la Commission parle au nom de

tous les pays de l'UE avec les organisations internationales, en particulier lorsqu'il s'agit d'aide humanitaire.
Elle négocie également les traités internationaux.

Cour de justice européenne

La Cour de justice européenne est chargée de veiller à
ce que le droit de l'UE soit appliqué de la même manière dans tous les États membres et à ce que les pays et
les institutions de l'UE respectent le droit. Créée en
1952, elle est composée d'un juge par pays de l'UE et de
onze avocats généraux. Les juges sont nommés pour
un mandat de 6 ans. La Cour elle-même est composée
de deux juges de chaque pays de l'UE et rend des arrêts
sur des recours concernant généralement les aides
d'État, le commerce, l'agriculture et le droit de la con-
currence. La Cour de justice statue également sur les
litiges opposant les institutions de l'UE et les gouvernements nationaux. Elle peut également être saisie
lorsqu'une entreprise, une organisation ou un particulier estime que ses droits ont été violés par une institution de l'UE. En cas de préjudice, la Cour peut veiller à
ce qu'une compensation soit accordée.

En outre, la Cour de justice européenne joue
également le rôle d'un tribunal du travail et des affaires
sociales, qui traite par exemple des questions relatives

à l'égalité de traitement entre hommes et femmes dans la vie professionnelle. Les décisions de la Commission européenne en matière d'amendes sont également examinées par la Cour. Les procédures de questions préjudicielles de la Cour de justice européenne sont particulièrement décisives pour les différents pays. Le tribunal d'un pays peut lui poser des questions sur l'interprétation du droit européen avant de prendre une décision dans une affaire. L'interprétation donnée par la Cour de justice s'applique alors de la même manière à toutes les autres juridictions nationales.

Ici, vous pouvez approfondir vos connaissances sur l'Europe et la politique européenne :

Wessels, Wolfgang : *Le système politique de l'Union européenne*

Schrötter, Hans Jörg : *Petit lexique européen*

bpb.de/europa

europa.eu

bundesregierung.de/europa

PARTIE 7 : POLITIQUE ET SOCIÉTÉ

Système de gouvernement

Chaque citoyen allemand devrait savoir et comprendre comment fonctionne le système de gouvernement de l'Allemagne. En effet, la politique allemande concerne directement tous ceux qui vivent dans ce pays.

Régime politique

Les démocraties modernes se présentent sous différentes formes d'État. Alors que la Grande-Bretagne est toujours une monarchie avec une reine à la tête de l'État, la France est une république avec un président élu à la tête de la politique. L'Allemagne est également une république et n'a pas de roi, mais son organisation est néanmoins légèrement différente de celle de la France. L'Allemagne est un État fédéral composé de 16 Länder, qui ont parfois des systèmes éducatifs différents et décident eux-mêmes des questions politiques. L'Allemagne est donc un pays fédéral.

Démocratie parlementaire

Le fait que l'Allemagne soit une démocratie parlementaire signifie que la population élit un parlement qui décide ensuite de la politique au sein du Bundestag allemand. Tous les quatre ans ont lieu les élections fédérales, au cours desquelles le peuple élit des représentants au Parlement. L'objectif est de garantir que la volonté du peuple soit réellement mise en œuvre dans la politique. Tous les pays européens ont des démocraties parlementaires.

Loi fondamentale

La Loi fondamentale de la République fédérale d'Allemagne, en vigueur depuis le 23 mai 1949, est la Constitution du pays. Elle se compose d'un préambule, d'une partie sur les droits fondamentaux et d'une partie sur l'organisation. Les lois qui y sont consignées sont supérieures à toutes les autres normes juridiques allemandes et constituent le fondement du système étatique et de ses valeurs. L'article premier des droits fondamentaux est considéré comme le point le plus important du Code fondamental : "La dignité de l'homme est inviolable. La respecter et la protéger est une obligation pour tous les pouvoirs publics".

Président fédéral

Le président fédéral représente la République fédérale d'Allemagne à l'intérieur et à l'extérieur, il est le chef de l'État dont le premier siège est à Berlin et le second à Bonn. Il est élu par l'Assemblée fédérale pour un mandat de cinq ans. Cette assemblée est constituée uniquement pour convoquer le président fédéral et se sépare ensuite. Le président fédéral doit être neutre sur le plan politique, propose au Bundestag un candidat pour l'élection du chancelier fédéral et est compétent pour la nomination ou la révocation de ce dernier, de même que pour les ministres fédéraux.

Chancelier fédéral

Le chancelier assume le rôle de chef du gouvernement fédéral allemand, il a beaucoup de pouvoir et de responsabilité dans la politique et est élu par le Bundestag. Il doit toujours y avoir une majorité absolue, également appelée "majorité du chancelier". Le chancelier propose au président fédéral des candidats aux postes ministériels et préside les réunions du cabinet. Il est responsable des orientations de la politique gouvernementale et les détermine. Les ministres fédéraux se conforment à ces directives. En cas de conflit au sein du gouvernement, c'est au chancelier qu'il revient d'indiquer la direction à suivre.

Il s'agit des précédents chanceliers fédéraux de la République fédérale d'Allemagne :

1. Konrad Adenauer (CDU) 1949 - 1963

2. Ludwig Erhard (CDU) 1963 - 1966

3. Kurt-Georg Kiesinger (CDU) 1966 - 1969

4. Willy Brandt (SPD) 1969 - 1974

5. Helmut Schmidt (SPD) 1974 - 1982

6. Helmut Kohl (CDU) 1982 - 1998

7. Gerhard Schröder (SPD) 1998 - 2005

8. Angela Merkel (CDU) 2005 - 2021

Bundestag

Le Bundestag est l'équivalent du Parlement de la République fédérale d'Allemagne. La population élit pour quatre ans des députés qui la représentent. Il y a 598 représentants au total, qui se réunissent au Bundestag à Berlin.

Les principales tâches du Bundestag sont l'élection du chancelier, le contrôle du gouvernement fédéral ainsi que la discussion et le débat sur les problèmes politiques actuels. De plus, les représentants discutent et votent de nouvelles lois auxquelles le peuple doit se conformer. Les représentants sont donc occupés tout au long de l'année.

Conseil fédéral

Les membres du Bundesrat, c'est-à-dire les différents ministres des Länder, se réunissent une fois par mois à Berlin. Ces réunions sont appelées séances plénières. Les membres du Bundesrat ne sont pas seulement des politiciens des Länder, mais aussi des politiciens fédéraux, ils assument donc une double fonction politique. Les intérêts de tous les Länder sont représentés et discutés au Bundesrat, où chaque Land dispose d'au moins trois voix, et jusqu'à six en fonction du nombre d'habitants. Le Bundesrat dispose de 69 voix au total et, par conséquent, de 69 membres. Ils ne sont pas élus, car le Conseil est un "organe éternel" qui ne change qu'avec les nouvelles élections régionales.

Processus législatif

Comment sont élaborées les lois pénales, sociales, commerciales et autres ? En premier lieu, il y a la proposition de loi présentée par le gouvernement fédéral, le Bundesrat ou le Bundestag. Au Bundestag, la proposition est discutée, notamment par un comité d'experts qui connaissent bien le sujet. La proposition de loi peut alors être approuvée ou modifiée. Au Bundesrat, les représentants des Länder débattent à nouveau de la loi, car ils sont généralement concernés par celle-ci. Le Conseil ne peut plus rien changer à la loi, seulement l'accepter ou la rejeter.

Dans le cas des lois d'opposition, le Bundestag peut passer outre le Bundesrat, ce qui n'est pas possible pour les lois d'approbation qui concernent des traités avec d'autres pays ou des modifications de la loi fondamentale. Une fois ce processus achevé, le chancelier et le ministre compétent doivent signer la loi avant que le président fédéral ne transforme finalement le projet en loi effective.

Ministères fédéraux

Les ministères fédéraux sont les plus hautes autorités fédérales, chacun étant rattaché à un ministre fédéral, qui assume un domaine de responsabilité spécifique. Par exemple, le ministère fédéral de l'Environnement s'occupe de la protection de la nature et de l'environnement, tandis que le ministère fédéral de l'Intérieur s'occupe de la sécurité des citoyens allemands.

Il s'agit de tous les ministères fédéraux allemands :

- Ministère fédéral des Finances
- Ministère fédéral de l'Intérieur, de la Construction et de la Patrie
- Ministère des affaires étrangères
- Ministère fédéral de l'Économie et de l'Énergie
- Ministère fédéral de la justice et de la protection des consommateurs
- Ministère fédéral du Travail et des Affaires sociales
- Ministère fédéral de la Défense
- Ministère fédéral de l'Alimentation et de l'Agriculture
- Ministère fédéral de la famille, des personnes âgées, des femmes et de la jeunesse
- Ministère fédéral de la Santé

- Ministère fédéral des transports et de l'infrastructure numérique
- Ministère fédéral de l'environnement, de la protection de la nature et de la sécurité nucléaire
- Ministère fédéral de l'Éducation et de la Recherche
- Ministère fédéral de la Coopération économique
et du Développement

Une foule de ministères fédéraux, donc, qui s'occupent tous d'intérêts importants pour le pays.

Cour constitutionnelle fédérale

La Cour constitutionnelle fédérale est la plus haute juridiction allemande et a son siège à Karlsruhe. Ses juges sont élus pour moitié par le Bundesrat et pour moitié par le Bundestag, pour un mandat de 12 ans. En tant qu'instance suprême, la Cour constitutionnelle fédérale surveille les parlements, les gouvernements et les tribunaux de moindre importance en Allemagne afin de s'assurer qu'ils respectent la Loi fondamentale. Elle peut annuler des lois ou des ordonnances déjà votées si elles sont inconstitutionnelles, et statue également sur les interdictions de partis et les plaintes constitutionnelles que tout citoyen peut lui soumettre.

Parlements nationaux

Les administrations et les gouvernements au sein des Länder sont contrôlés par les parlements des Länder. Les représentations parlementaires sont appelées Landtag, dans les villes-États elles sont appelées Abgeordnetenhaus (Berlin) ou Bürgerschaft (Hambourg, Brême). Les parlements des Länder ont en principe les mêmes fonctions que le Bundestag, ils élisent le chef du gouvernement, le ministre-président. Néanmoins, ils sont plutôt dans l'ombre du Bundestag, auquel le public s'intéresse davantage, à moins que le parlement du Land ne traite de sujets tels que la politique scolaire ou les réglementations environnementales. La fonction de contrôle des parlements des Länder est très importante, ils prennent très au sérieux le contrôle de l'administration et du gouvernement.

Gouvernement régional

Le gouvernement d'un Land est appelé "gouvernement régional" ou "cabinet régional". Il exécute et contrôle l'application des lois qui s'appliquent soit à l'ensemble du pays, soit uniquement au Land concerné. Il est également chargé d'expliquer la politique de l'État aux citoyens et d'envoyer des représentants au Bundesrat. Il peut également proposer des lois au Landtag. Le gouvernement du Land est composé d'un ministre-président et de ministres du Land, et dans certains Länder, de hauts fonctionnaires, les secrétaires d'État, qui assistent les ministres et le ministre-président.

Cour constitutionnelle de l'État

La caractéristique principale de la Cour constitutionnelle du Land est qu'elle se concentre sur les litiges
constitutionnels qui découlent de la Constitution du
Land. Il ne s'agit donc pas d'une autre instance judi-
ciaire, mais elle veille séparément au respect de la Constitution du Land, c'est-à-dire la propre Constitution de
chaque Land. Il se prononce sur l'interprétation exacte
de la Constitution et règle les litiges dans lesquels il
n'est pas clair si une loi du Land est compatible avec la
Constitution du Land. Il traite également les plaintes
concernant les décisions du Landtag ou les accusations
du Landtag contre les députés accusés d'avoir abusé de
leur pouvoir.

Le paysage des partis politiques en Allemagne

Système de partis

Le système de partis allemand est un système pluraliste, ce qui signifie que plusieurs partis dirigent la politique de l'État. Certains partis peuvent être très puissants, tandis que d'autres ont un rôle plus limité. Le pluralisme des partis et les différentes associations et fractions au sein des partis visent à représenter le plus fidèlement possible la volonté du peuple.

Union chrétienne-démocrate d'Allemagne (CDU)

Fondée en 1950, la CDU se caractérise par une vision conservatrice, libérale et chrétienne-sociale. Les chrétiens pratiquants comptent parmi ses électeurs les plus fidèles et ses partisans sont généralement d'âge mûr. Au niveau national, la CDU remporte souvent la plus grande part des suffrages. En tant que parti au pouvoir, la CDU a joué un rôle important dans les décisions de politique intérieure et extérieure de la République fédérale. Dans l'histoire du parti, il n'y a eu que quatre présidents : Konrad Adenauer, Helmut Kohl, Angela Merkel et Armin Laschet, qui sera élu en 2021.

Parti social-démocrate d'Allemagne (SPD)

Le SPD est le plus ancien parti d'Allemagne encore en activité. Il a été fondé en 1863 en tant que parti ouvrier, mais ce n'est que dans les années 1970 qu'il est devenu le parti le plus puissant au niveau national. Ses valeurs fondamentales sont la liberté, la justice et la solidarité. Alors que plus de 40% des membres du SPD sont des universitaires, son électorat est principalement composé d'ouvriers de l'industrie et de membres des nouvelles classes moyennes.

Parti libéral démocrate (FDP)

Après sa création en 1948, le FDP a longtemps été le seul petit parti, ce qui lui a permis de jouer un rôle important. Ce n'est qu'entre 2013 et 2017 que, pour la première fois, il n'a pas atteint la barre des cinq pour cent. Il défend principalement des positions économiques libérales et compte parmi ses électeurs des cadres supérieurs, des fonctionnaires et des indépendants. Le FDP s'engage principalement en faveur d'une économie de marché libre et des droits civiques, tandis qu'en matière de politique européenne et de réfugiés, il a tendance à adopter des points de vue plus conservateurs.

Alternative pour l'Allemagne (AfD)

Fondé en 2013 comme un parti d'extrême droite, déclenché par la crise de l'Union monétaire européenne en 2010, l'AfD est un parti populiste de droite qui trouve surtout ses électeurs dans l'est de l'Allemagne. Ceux-ci sont principalement des hommes et partagent des opinions d'extrême droite. La crise des réfugiés de 2015 a été un catalyseur de la popularité de l'AfD et de son attitude anti-establishment, au cours de laquelle le parti s'est clairement exprimé, parfois de manière provocante, contre la politique d'immigration dominante.

LA GAUCHE

Née en 2007 de la fusion du Parti du socialisme démocratique (PDS) et du parti Travail & justice sociale - L'alternative électorale (WASG), DIE LINKE trouve ses racines à la fois dans un parti régional est-allemand et dans la protestation contre la politique sociale des années 2000, et est solidement implantée dans le système des partis allemands. Depuis la fusion, son électorat s'est progressivement éloigné de la moyenne de la population pour se tourner vers les travailleurs et la population à faible revenu et à faible niveau d'éducation. Le parti s'oppose aux opérations militaires et est clairement anticapitaliste et proche des syndicats.

Alliance 90/Les Verts

Le parti Bündnis 90/Die Grünen a été fondé en 1990 et trouve son origine dans les mouvements antinucléaires, pacifistes et féministes des années 1970 et 1980. Les thèmes centraux ont donc toujours été la protection de l'environnement et la protestation contre l'énergie nucléaire et l'armement nucléaire. L'électorat des Verts est principalement composé de personnes issues du secteur des services et de l'éducation, et contrairement à d'autres partis, il compte beaucoup de jeunes électeurs. En outre, l'âge moyen des membres du parti est le plus bas de tous les partis.

Union chrétienne-sociale en Bavière (CSU)

Fondée en 1946, la CSU est d'une part un parti régional qui ne se présente aux élections qu'en Bavière. D'autre part, elle a également le statut de parti fédéral, ce qui en fait une exception parmi les partis allemands. Elle forme un groupe parlementaire avec la CDU et s'engage en premier lieu pour l'autonomie de la Bavière et les valeurs conservatrices bourgeoises. Les électeurs de la CSU sont pour la plupart des chrétiens pratiquants, vivent plutôt en milieu rural et sont plus âgés que la moyenne de la population.

Petits partis

Outre les grands partis établis, il existe en Allemagne une centaine de petits partis qui ne font pas partie des partis du Bundestag, mais qui sont parfois représentés au Parlement européen. Il s'agit par exemple du Parti pirate, des FREIEN WÄHLER, du Familien-Partei Deutschlands ou des Bürger in Wut. En principe, toute personne peut fonder un parti en Allemagne, mais ses membres doivent être principalement des citoyens allemands, le comité directeur du parti doit être composé d'au moins trois personnes et un responsable fédéral des élections ou le parlement du Land doit examiner la demande de création du parti. Il y a donc quelques règles du jeu à respecter, mais le droit des citoyens de fonder un parti fait partie de la démocratie allemande.

Système éducatif

Le système éducatif allemand est régulièrement critiqué, souvent en raison d'un manque de numérisation, de programmes scolaires obsolètes et de la transmission de connaissances peu pratiques. Pourtant, il s'agit de l'un des meilleurs systèmes d'enseignement au monde.

Scolarité obligatoire

En Allemagne, l'école est obligatoire depuis environ 200 ans, ce qui signifie que chaque enfant a l'obligation d'aller à l'école dès l'âge de six ans. L'obligation scolaire légale s'étend de 6 à 18 ans, les enfants doivent fréquenter l'école à temps plein jusqu'à la fin de la 9e ou de la 10e année. Ce n'est pas seulement une obligation, c'est aussi un privilège et un droit. Le droit à l'éducation fait partie des droits de l'enfant, inscrits dans la Convention des Nations unies relative aux droits de l'enfant.

Une bonne éducation scolaire est la base d'une bonne formation professionnelle et d'une vie autonome. L'éducation scolaire doit permettre aux enfants de devenir des citoyens responsables, capables de se forger leur propre opinion.

Formes d'écoles

L'enseignement élémentaire est le premier niveau du système, qui comprend les institutions d'éducation et d'accueil préprimaires pour les enfants de moins de six ans. Il est suivi de l'enseignement primaire. Les enfants fréquentent l'école primaire, où ils acquièrent leurs premières compétences en lecture, écriture et calcul, mais aussi des compétences sociales et relationnelles.

Ensuite, ils entrent dans un établissement d'enseignement secondaire ou secondaire inférieur, choisi en fonction de leurs aptitudes, de leurs intérêts et de leur
rythme d'apprentissage. Le choix des types d'écoles
suivants varie selon les Länder. Alors qu'à Brême, il y
a l'Oberschule et le Gymnasium, dans le Schleswig-
Holstein, il y a le Regional-, le Gemeinschaftsschule et
le Gymnasium ou en Rhénanie-Palatinat, le Koopera-
tive und Integrative Realschule, le Integrierte Gymnasium et le Gymnasium. Depuis des décennies, il règne
un véritable chaos entre les différentes formes
d'enseignement, dû au fédéralisme allemand. De plus,
il existe partout des écoles spécialisées dans lesquelles
les enfants ayant des difficultés d'apprentissage
reçoivent un soutien adapté à leurs besoins individuels.
Le premier cycle de l'enseignement secondaire est
généralement suivi par le deuxième cycle de l'enseignement secondaire.

En Allemagne, l'éducation relève de la
compétence des différents Länder, ce qui explique les
différences de programmes et d'exigences vis-à-vis des
élèves. En raison des différentes politiques éducatives,
les périodes de vacances sont réglementées différemment, les examens de fin d'études sont très différents
et la transition vers l'enseignement secondaire est

réglementée différemment. En règle générale, les matières enseignées dans les écoles secondaires supérieures sont l'allemand, les mathématiques, l'anglais, les sciences (chimie, physique, biologie), la religion/l'éthique, la musique, les arts, l'éducation physique et les sciences sociales (politique, histoire, géographie). Dans les établissements d'enseignement secondaire, la plupart des Länder ont mis l'accent sur certaines matières : certains sont plus artistiques et proposent des matières telles que la création de médias ou la musique, tandis que d'autres se concentrent davantage sur les sciences. En outre, les élèves de la deuxième année secondaire peuvent parfois influencer leur emploi du temps en supprimant des matières ou en choisissant des matières facultatives. Après deux ou trois ans, l'enseignement secondaire est généralement terminé et les élèves terminent leurs études par un examen de fin d'études secondaires complet. Ils ont alors obtenu l'Abitur, c'est-à-dire le baccalauréat général et donc le diplôme le plus élevé en Allemagne. Ce diplôme leur permet d'étudier dans l'enseignement supérieur.

Tertiaire

L'enseignement supérieur désigne tous les établissements d'enseignement qui font suite au deuxième cycle de l'enseignement secondaire et qui requièrent l'obtention d'un diplôme. Il s'agit notamment des écoles supérieures spécialisées, des écoles professionnelles et des universités, qui proposent des programmes et des cours. Comme le système éducatif s'est généralement amélioré au cours des dernières décennies, et surtout parce que davantage de personnes, même issues de familles aux revenus modestes, ont la chance de fréquenter de bonnes écoles et de se former, le nombre d'étudiants ne cesse d'augmenter. Les universités allemandes comptaient près de 3 millions d'étudiants inscrits au cours du seul semestre d'hiver 2018/19. D'année en année, des records sont battus en matière d'inscription, et étudier devient de plus en plus la norme.

Formation professionnelle

De nombreuses personnes choisissent encore de suivre une autre voie et de commencer une formation professionnelle directement après avoir terminé l'école ou le baccalauréat. Ces formations sont généralement organisées en alternance, ce qui signifie que les apprentis sont employés dans une entreprise où ils maîtrisent la partie pratique de la formation, tout en allant dans une école professionnelle où ils se consacrent à la partie théorique. Il existe également des formations en école à temps plein, principalement dans le secteur de la santé. En Allemagne, il y aura 325 formations reconnues en 2020, ce qui est beaucoup. Les plus populaires d'entre eux sont les formations d'employé de bureau, de mécatronicien automobile et de commerçant. On recherche toujours des apprentis pour des métiers artisanaux comme la menuiserie, mais aussi des mécaniciens industriels, des éducateurs ou des assistants en biotechnologie. La diversité des métiers reconnus et prometteurs en Allemagne est grande et les experts estiment que nombre d'entre eux seront de plus en plus demandés et nécessaires à la société.

Si vous n'en avez pas assez de la complexité de notre système de gouvernement et d'éducation, vous pouvez vous pencher sur ces sources :

Schmidt, Manfred : *Le système politique allemand. Institutions, formation de la volonté et hommes politiques*

Ditfurth, Christian von : *La République fédérale d'Allemagne pour les nuls*

bpb.de/politique

bpb.de/formation

tats-uber-deutschland.de

bundeswahlleiter.de

chancelière.fr

PARTIE 8 : SCIENCE ET MÉDE-CINE

Qu'est-ce que la science de toute façon ?

Définir le terme "science" n'est pas si facile, car il existe de nombreuses interprétations et différentes facettes du travail scientifique. En principe, la science désigne toujours la connaissance et l'expérience humaines. L'objectif de la science est de préserver le savoir et de parvenir systématiquement à de nouvelles connaissances par la recherche. Les travaux scientifiques rassemblent des résultats et les présentent au grand public ou à un public spécialisé.

Disciplines et méthodes scientifiques

Il existe un grand nombre de disciplines scientifiques qui peuvent être classées de différentes manières. Une catégorie générale courante est celle des sciences naturelles, qui regroupe principalement la biologie, la physique, la chimie et les mathématiques, mais aussi l'agronomie, l'astronomie et les sciences de la terre. Les scientifiques s'intéressent aux phénomènes naturels et travaillent de manière empirique, ce qui signifie qu'ils collectent des connaissances et en tirent des conclusions. Ils analysent, observent et mesurent les phénomènes et les états de la nature dans le but d'identifier des régularités et des modèles. Il ne s'agit pas seulement d'expliquer la nature, mais aussi de la rendre utilisable par l'homme. Des disciplines telles que la médecine, l'ingénierie, la psychologie ou la protection de l'environnement s'appuient en grande partie sur des théories et des connaissances scientifiques et les utilisent continuellement pour obtenir des améliorations.

Les sciences naturelles existent depuis l'Antiquité, mais ce n'est qu'au XVIIIe siècle qu'elles ont fait leur percée définitive, après que le siècle des Lumières a dissous une révolution scientifique et que la société a pris conscience de leur utilité. Parmi les méthodes les plus importantes des sciences naturelles, on trouve l'induction, qui permet de conclure à une connaissance générale à partir de l'observation objective d'un phénomène, et la déduction, qui permet de tirer une conclusion logique à partir d'une hypothèse émise. Les lois et les théories peuvent toujours être réfutées à tout moment, ce que l'on appelle la falsification, car elles ne sont valables que jusqu'à ce que de nouveaux résultats de recherche limitent leur champ de validité.

Les sciences humaines sont une autre discipline scientifique qui adopte une approche différente de celle des sciences naturelles. Elles s'intéressent à la pensée et à l'action humaines ainsi qu'à diverses productions culturelles. Les différentes disciplines comprennent l'histoire, la littérature, la musique, les sciences religieuses et linguistiques ainsi que l'histoire de l'art et la philosophie. Il ne s'agit donc pas d'étudier des phénomènes naturels, mais des phénomènes et des courants historiques, politiques, culturels, religieux et spirituels. Comme son nom l'indique, il s'agit de l'esprit - qu'est-ce que l'humanité produit avec son esprit et son savoir, de quelle manière et surtout pourquoi.

Les disciplines des sciences humaines, principalement la philosophie, existent également depuis des millénaires, mais ne se sont établies à grande échelle qu'au cours des derniers siècles. Bien que chaque domaine ait des objets d'étude différents, les chercheurs en sciences humaines travaillent souvent de manière interdisciplinaire, c'est-à-dire qu'ils se penchent sur différentes disciplines. L'une des principales méthodes des sciences humaines est l'herméneutique, qui consiste à interpréter et à comprendre le sens d'un objet culturel, comme une œuvre littéraire ou une peinture, à l'aide d'études socio-historiques. Contrairement aux sciences exactes, il s'agit généralement moins d'une collecte quantitative de connaissances que d'une compréhension qualitative.

Les sciences sociales, qui comprennent la psychologie, l'économie, l'éducation, l'ethnologie, les sciences
de la communication et la sociologie, sont apparentées
aux sciences humaines mais généralement considérées
séparément. Les sciences sociales sont les plus récentes
des trois disciplines scientifiques principales et s'intéressent aux phénomènes de la vie en société des individus. Elles étudient donc les interdépendances sociales et les comportements individuels et collectifs. Ici
aussi, le travail est souvent interdisciplinaire, les
méthodes des sciences sociales sont principalement
empiriques et fortement statistiques. Ainsi, les sciences
naturelles et humaines sont souvent réunies dans les
études, ce qui rend la délimitation difficile. Les objets
étudiés en sciences sociales sont des personnes qui a-
gissent et dont le comportement est analysé, notamment par le biais d'expériences, tout en cherchant à
comprendre et à donner un sens (supérieur) à ce comportement. Les disciplines scientifiques se soutiennent
souvent mutuellement et ont toutes leur raison d'être,
car leur but ultime est toujours de mieux comprendre
et d'améliorer simultanément l'homme et son environnement.

Médecine

Presque aucune discipline scientifique n'a autant enrichi la vie humaine que la médecine. Le miracle de la médecine nous permet de traiter efficacement même le plus petit des rhumes. Depuis des millénaires, les gens apprennent à se soigner et à lutter contre de nouvelles maladies. Voici une petite sélection de découvertes médicales essentielles et de jalons qui ont changé le monde.

Rayons X

En 1895, Wilhelm Conrad Röntgen a découvert par hasard les rayons X alors qu'il expérimentait avec un tube cathodique en verre qu'il a recouvert de carton. Les rayons ont traversé ce dernier et ont révélé à Röntgen ses propres phalanges de la main avec laquelle il manipulait l'appareil. Grâce à la radiographie, il est possible de visualiser des anomalies dans le corps sans avoir à l'endommager. Néanmoins, les rayons sont également dangereux, car sans protection, ils peuvent endommager le patrimoine génétique et provoquer des cancers.

Pénicilline

Sir Alexander Fleming a été le premier à découvrir en 1928 que la moisissure Penicillium produit une substance qui inhibe la croissance des bactéries. Depuis, la pénicilline a sauvé des millions de vies en combattant des maladies infectieuses bactériennes telles que le choléra, la scarlatine, la bronchite ou l'otite, et même la méningite. Cependant, Fleming avait déjà mis en garde contre le fait que les bactéries pouvaient devenir résistantes à l'intérieur de l'organisme en raison d'une utilisation excessive de la pénicilline.

Anesthésie

Pendant des milliers d'années, les opérations ont été pratiquées avec une faible anesthésie naturelle, voire sans anesthésie du tout. Souvent, les patients s'évanouissaient de douleur pendant l'opération et devaient simplement supporter la douleur. Les choses ont changé en 1846, lorsque le jeune dentiste William Morton a réalisé la première opération sous anesthésie réussie. Le patient inhalait de l'éther sulfurique dans un ballon en verre. Sans anesthésie, la plupart des opérations seraient aujourd'hui inimaginables, en particulier celles qui durent plusieurs heures.

Transplantations d'organes

La première transplantation d'organe professionnelle a eu lieu en 1883 et a été réalisée par le chirurgien suisse

Theodor Kocher. Il a transplanté du tissu thyroïdien chez un patient dont la thyroïde avait été préalablement prélevée lors d'une opération. Au fil du temps, les techniques de transplantation ont évolué et les premières transplantations cardiaques réussies ont eu lieu à partir des années 1960.

Vaccination

Il existe aujourd'hui des vaccins contre de nombreuses maladies infectieuses, qui nous protègent durablement contre celles-ci. Le médecin anglais Edward Jenner a développé le premier vaccin contre la variole au 18e siècle, alors que l'agent pathogène n'avait pas encore été découvert. Jenner s'est toutefois rendu compte qu'une fois infectées par un virus de la variole, les personnes étaient immunisées contre d'autres maladies de la variole grâce à des défenses immunitaires déjà "entraînées". Un autre pionnier de la vaccination fut Emil von Behring, qui développpa vers 1900 le premier vaccin contre le tétanos et reçut pour cela le prix Nobel de médecine.

Groupes sanguins

Ce n'est qu'en 1901 que le pathologiste autrichien Karl Landsteiner a découvert que les gens avaient différents groupes sanguins. Il a inventé le système AB0, qui est encore utilisé aujourd'hui pour désigner les groupes sanguins A, B, AB et 0. Avant sa découverte, les transfusions sanguines entraînaient souvent de graves complications en raison des différents groupes sanguins.

Recherche génétique

La recherche génétique évolue rapidement depuis quelques années. Les ciseaux génétiques CRISPR, par exemple, sont une technique pour laquelle les chimistes Emmanuelle Charpentier et Jennifer A. Doudna ont reçu le prix Nobel de chimie. Il s'agit d'une technique qui permet de désactiver ou de modifier des éléments constitutifs de l'ADN et des gènes individuels en ajoutant des enzymes cellulaires. Les scientifiques pourraient ainsi développer des variétés et des races plus résistantes aux maladies dans le domaine de la sélection végétale et animale, entre autres. Les médecins espèrent pouvoir réparer des défauts génétiques grâce à cet outil de biologie moléculaire et ainsi éliminer des maladies comme la malaria ou des maladies héréditaires. Jusqu'à présent, il est toutefois interdit d'intervenir sur le patrimoine génétique des êtres humains.

C'est grâce au moine augustin Gregor Mendel, fondateur de la théorie de l'hérédité, que de telles évolutions ont pu avoir lieu. Il a expérimenté des croisements de pois et a formulé en 1865 les règles de Mendel, qui résument les principes de l'hérédité des caractéristiques physiques. En 1906, William Bateson a introduit le terme "génétique" pour désigner les lois de l'hérédité. Au cours des années suivantes, la théorie de l'hérédité n'a cessé d'évoluer jusqu'à ce qu'en 1953, les biologistes moléculaires James Watson et Grancis Crick décryptent la structure en double hélice de l'ADN. Depuis 2003, le génome humain, c'est-à-dire le code du patrimoine génétique humain, est considéré comme entièrement déchiffré. En quelques heures, les ordinateurs sont capables de lire et de comparer le patrimoine génétique de chaque être humain.

Depuis lors, de nouvelles possibilités de recherche génétique s'ouvrent continuellement. Les maladies héréditaires peuvent être mieux comprises et traitées, les tests génétiques peuvent indiquer les prédispositions à certaines maladies. La recherche sur le cancer, en particulier, bénéficie de nouveaux développements. En Chine, les ciseaux génétiques ont déjà permis de traiter des patients atteints de cancer du poumon en introduisant des cellules immunitaires génétiquement modifiées dans leur système. Il est probable que cette technique s'améliore encore à l'avenir et qu'elle devienne plus rapidement applicable.

Le génie génétique vert, c'est-à-dire le génie génétique appliqué aux plantes, se révolutionne lui aussi progressivement. Les plantes utiles sont rendues plus utiles, c'est-à-dire plus robustes et plus productives, grâce à des modifications génétiques ciblées. Une fois que le génotype d'une plante, c'est-à-dire sa base génétique, a été décodé, elle peut être dotée de gènes d'un autre organisme et donc de nouvelles propriétés. Pour ce faire, une construction génétique est tirée dans les cellules végétales et leur ADN à l'aide d'un "canon à gènes". La modification des plantes offre la possibilité d'adapter plus rapidement les variétés de plantes utiles aux souhaits du marché et éventuellement de stopper les crises de famine.

Cependant, les nouveaux développements en matière de génie génétique augmentent également le potentiel d'abus et le sujet est donc polarisé. On craint que les chercheurs n'aillent trop loin avec leurs idées et qu'ils ne fassent plus de mal que de bien dans le processus de nouveaux développements génétiques. Dans le cas du génie génétique vert, ce sont surtout les risques de perturbation de l'équilibre écologique, de réduction de la diversité des plantes sauvages et de développement de résistances des mauvaises herbes et des insectes nuisibles qui sont critiqués. Dans le cas du génie génétique rouge, c'est-à-dire celui qui est utilisé chez l'homme, il s'agit le plus souvent de problèmes éthiques. Les diagnostics génétiques placent les futurs parents devant le choix difficile de mettre au monde ou non un enfant malade, et beaucoup craignent qu'un standard de "l'homme parfait" ne s'établisse. Un autre point de controverse est la crainte que les nouvelles approches thérapeutiques n'aboutissent à l'avenir à une médecine à deux vitesses, dans laquelle les nouvelles méthodes de guérison seraient interdites aux couches les plus pauvres de la population. Il reste à voir quelles craintes et quelles opportunités finiront par s'imposer.

Vous trouverez ici des informations passionnantes sur les sciences, la médecine et le génie génétique :
Rutherford, Adam : Une brève histoire de tous ceux qui ont déjà vécu. Ce que nos gènes révèlent de nous
Charisius, Hanno : Biohacking. Le génie génétique dans le garage
Van de Laar, Arnold : Coupez ! Toute l'histoire de la chirurgie racontée en 28 opérations
Wünschiers, Röbbe : Génération ciseaux génétiques : Comment faire face à la révolution du génie génétique ?
bmbf.de/sciences
transgen.de
planet-wissen.de/nature
planet-wissen.de/technique

La psyché de l'homme

La psyché humaine est fascinante et n'a pas encore été complètement explorée. La façon dont nous fonctionnons, ce que nous craignons, ce que nous aimons et notre comportement sont régis par des processus cérébraux complexes sur lesquels nous n'avons souvent que peu d'influence. Cependant, grâce à la psychologie moderne d'aujourd'hui, il existe déjà de nombreux phénomènes qui peuvent être expliqués scientifiquement.

Subconscient

Notre subconscient est étonnamment puissant et nous guide à bien des égards. Il nous soulage dans de nombreuses situations, car il nous permet d'effectuer des gestes automatiquement, sans avoir à y penser activement. Prenons l'exemple de la conduite automobile, que nous devons apprendre et perfectionner sur une certaine période, jusqu'à ce que nous puissions finalement le faire comme si nous dormions et que nous ne réfléchissions plus vraiment à ce que nous devons faire pendant que nous conduisons. Les mouvements sont stockés dans ce que l'on appelle la mémoire procédurale et sont rappelés inconsciemment.

Le subconscient est également étroitement lié à l'intuition, une voix dans notre tête ou un sentiment dans notre ventre qui nous dit, par exemple, ce que nous avons plutôt envie de choisir. Comme réfléchir consciemment à des choses demande beaucoup d'énergie, le subconscient se met souvent en marche immédiatement. En soi, nous ne pouvons que difficilement le contrôler, mais grâce à des exercices de pleine conscience, nous pouvons apprendre à mieux percevoir cette voix intuitive. Certaines croyances subconscientes intériorisées modifient également la façon dont nous percevons notre environnement et ce sur quoi nous nous concentrons.

Rêves & Cauchemars

Le subconscient est actif même lorsque nous dormons. Il produit des films entiers dans notre tête, que nous percevons ensuite comme des rêves. Souvent, leur contenu nous échappe immédiatement au réveil, probablement, selon les experts, parce que notre cerveau a besoin de quelques minutes pour "démarrer" complètement après le réveil, ce qui fait que la mémoire ne peut pas stocker durablement le contenu des rêves. Il est toutefois possible d'améliorer cette capacité en consignant régulièrement ses rêves par écrit.

Même les spécialistes du cerveau ne savent pas exactement pourquoi nous rêvons. Ce qui est sûr, c'est que notre cerveau stocke de nouvelles informations dans le subconscient et les associe à des souvenirs plus anciens. Les émotions et surtout les peurs sont également traitées, ce qui peut conduire à des cauchemars. D'un point de vue médical, c'est tout à fait normal, mais si les cauchemars se multiplient et que le sommeil s'en trouve fortement perturbé, il convient de demander conseil à un professionnel et de se faire aider. En effet, un sommeil sain est extrêmement important pour le bien-être de l'homme dans tous les domaines de la vie.

Phobies

Une phobie est une peur intense de certains objets ou situations, qui va au-delà d'un niveau de crainte raisonnable. Ces peurs irrationnelles peuvent empêcher la personne concernée de contrôler normalement ses pensées, ses émotions et ses comportements et la laisser complètement guider par la peur. Les symptômes physiques peuvent être des tremblements, des sueurs et des palpitations, et la phobie pousse généralement la personne à éviter la situation anxiogène. Parmi les phobies, on trouve par exemple la phobie sociale (la peur d'être rejeté par les autres), l'agoraphobie (la peur des situations d'urgence dans lesquelles on ne peut pas s'échapper), l'arachnophobie (la peur des araignées) ou la claustrophobie (la peur des espaces clos).

Le déclenchement d'une phobie peut être dû à de nombreux facteurs : une expérience traumatisante, le style d'éducation de nos parents ou même des facteurs biologiques. Les phobies peuvent se manifester à des degrés divers et sont souvent traitées par des thérapies de confrontation, dans lesquelles les personnes concernées, accompagnées d'un thérapeute, doivent affronter leur peur irrationnelle et se mettre dans une situation désagréable pour elles afin de surmonter leur phobie.

Comment fonctionne l'apprentissage et la mémoire ?

Les gens apprennent une multitude de choses chaque jour, sur eux-mêmes et sur leur environnement. Les informations sont stockées dans les propriétés de réseau des circuits neuronaux, ce qui modifie la structure ou la fonction des synapses, c'est-à-dire des ponts qui relient les neurones entre eux. Les neurones forment un réseau de données et sont en communication quasi permanente les uns avec les autres. Plus nous recevons d'informations, plus nous apprenons et répétons ce que nous avons appris, plus les connexions synaptiques se renforcent dans le cerveau. Les connexions sont également renforcées lorsque de nouvelles informations sont associées à des connaissances ou des événements déjà connus. Si nous associons des connaissances à des sentiments, des expériences, des observations et des perceptions spécifiques, il est plus facile pour le cerveau d'accéder à ces connaissances ultérieurement.

Et comment fonctionne notre mémoire ? Ce que nous percevons arrive toujours en premier dans la mémoire sensorielle. Comme nous percevons la plupart des informations de manière inconsciente, nous en effaçons beaucoup automatiquement, nous les oublions donc. C'est pourquoi vous ne pouvez pas vous souvenir de chaque visage dans une rue piétonne. Si l'un des passants vous plaît, l'information n'est pas oubliée et continue à être stockée dans la mémoire à court terme. Ici, les informations ne sont stockées que quelques secondes et certaines d'entre elles sont jugées sans importance et éliminées. Les informations restantes sont envoyées dans la mémoire de travail, où elles sont préparées pour être stockées dans la mémoire à long terme. Les informations restantes peuvent être associées à des émotions et resteront dans votre esprit pendant quelques minutes, voire quelques mois. Ce serait le cas si vous aviez eu un "coup de foudre" pour la personne de la rue piétonne. Dans la mémoire à long terme, les informations sont conservées, comme nous l'avons déjà dit, par la répétition et la pratique. Une quantité infinie de matériel peut être stockée dans cette partie du cerveau, parfois pendant toute une vie.

Ainsi, si vous pensez souvent à la personne que vous avez vue ou si vous interagissez avec elle, il y a de fortes chances que vous ne l'oubliiez jamais. Il est possible que vous ne vous souveniez plus vraiment de son visage après une certaine période de séparation, car notre mémoire évalue et oublie automatiquement les informations dont elle n'a plus besoin. Mais vous vous souviendrez toujours de son existence.

Manipulation psychologique & astuces

Si vous connaissez un peu la psyché humaine, vous découvrirez facilement comment nous sommes manipulés au quotidien, voire comment nous nous manipulons nous-mêmes inconsciemment. Voici juste une petite sélection de phénomènes psychologiques qui nous concernent presque tous.

Effet de halo

L'effet de halo, dérivé du mot "halo" signifiant auréole, est un biais cognitif dans lequel les gens sont influencés et trompés par la première impression. Une seule caractéristique d'une personne semble alors si dominante que les autres caractéristiques sont reléguées au second plan. La caractéristique dominante permet alors de déduire d'autres caractéristiques de la personne et cette impression est persistante, même si elle est objectivement très illogique.

Aversion aux pertes

L'aversion à la perte nous incite inconsciemment à accorder plus d'importance aux pertes qu'aux gains. Un exemple simple : quelqu'un vous propose un jeu de pile ou face où vous gagnez 10 euros à pile et où vous devez payer 10 euros à face. Acceptez-vous l'offre ? La plupart des gens n'accepteraient pas, car la perte potentielle les inquiète plus que le gain potentiel, même si les chances sont de 50/50. Dans les situations de prise de décision, nous réagissons souvent de manière irrationnelle.

Principe de réciprocité

Le principe de réciprocité, ou loi de la réciprocité, décrit le fait que nous ressentons un fort besoin d'équilibre dans l'interaction sociale. Nous ne voulons ni être exploités, ni être celui qui exploite quelqu'un d'autre. Si l'on vous offre un échantillon gratuit à la boulangerie, vous aurez inconsciemment tendance à acheter un peu plus.

Effet d'ancrage

L'effet d'ancrage est le phénomène par lequel les gens utilisent arbitrairement une information particulière comme référence interne, alors qu'il n'y a aucune raison logique à cela. Cette information est alors déterminante dans l'évaluation d'une situation ou la prise d'une décision. Par exemple, si un bretzel coûte 70 cents chez votre boulanger local, vous penserez qu'un bretzel à 90 cents est cher et qu'un bretzel à 50 cents est bon marché. Mais si votre bretzel "normal" coûte 50 centimes d'euros, même un bretzel à 70 centimes vous semblera cher. Le prix du bretzel le moins cher est alors votre "ancre" subconsciente.

Maladie mentale

Pendant longtemps, les maladies mentales n'ont pas été considérées pour ce qu'elles étaient et ce qu'elles sont toujours - des maladies qui nécessitent parfois un traitement médical et qui peuvent même entraîner la mort si elles ne sont pas traitées. Heureusement, grâce au travail d'information (scientifique), les maladies mentales sont de plus en plus prises au sérieux et acceptées depuis des décennies, mais les personnes concernées doivent encore souvent faire face à la stigmatisation et à l'incompréhension. Il peut donc être difficile de s'avouer à soi-même et d'annoncer ensuite à son entourage que quelque chose ne va pas. C'est surtout le cas pour des maladies telles que la dépression, les troubles anxieux ou le burn-out. Les personnes concernées ont souvent l'air abattues et ne trouvent guère de motivation pour les activités quotidiennes, ce qui leur vaut d'être accusées de "faire semblant". Pourtant, les statistiques montrent que la dépression est une véritable maladie de société ; environ 16 à 20 personnes sur 100 souffrent de dépression au moins une fois au cours de leur vie.

Ce qui est souvent insidieux, c'est que certaines personnes cachent leurs problèmes psychologiques derrière un masque de productivité et de dynamisme. Pressés par la société de la performance et par eux-mêmes, ils essaient de toutes leurs forces de traiter eux-mêmes les symptômes, parfois en prenant des stupéfiants ou d'autres habitudes malsaines. Il est important d'apporter de l'aide, car à un moment donné, chaque personne concernée a atteint un point où elle ne peut plus maintenir une façade saine.

Outre les maladies mentales relativement courantes telles que la dépression ou les troubles anxieux et paniques, pour lesquelles les personnes concernées peuvent souvent être rapidement aidées par une médication légère et une thérapie de soutien, il existe également des maladies qui sont généralement plus difficiles à guérir. Il s'agit par exemple de la schizophrénie, dans laquelle les personnes souffrent de perte de contact avec la réalité, d'hallucinations et de troubles de la pensée. Elles perçoivent parfois mal leur environnement et interprètent mal les actions, ce qui les pousse à agir de manière apparemment irrationnelle. Comme pour presque toutes les maladies mentales, des antécédents génétiques, des facteurs familiaux et sociaux ainsi que des événements stressants de la vie peuvent jouer un rôle et il est souvent difficile d'en trouver la cause. La schizophrénie n'est pas toujours guérissable, mais différentes formes de thérapie et de traitement médicamenteux permettent d'influencer positivement l'évolution de la maladie.

Il en va de même pour le trouble bipolaire, qui se caractérise par des sautes d'humeur importantes et une alternance de phases dépressives et euphoriques, et pour les maladies mentales qui affectent fortement le corps. Il s'agit notamment des troubles alimentaires tels que la boulimie ou l'hyperphagie, où les personnes concernées ont une relation malsaine avec la nourriture en raison de troubles psychologiques. Le nombre de personnes souffrant de troubles de l'alimentation est en augmentation, en particulier à l'heure où la nourriture addictive est disponible partout dans les pays occidentaux et où l'engouement pour le fitness augmente. Heureusement, le nombre d'établissements accueillant des patients souffrant de troubles mentaux graves et de premiers recours pour toutes sortes de problèmes de santé mentale augmente également. De nombreuses universités, écoles et lieux de travail proposent ces derniers, en particulier pour aider les personnes qui, pour diverses raisons, ne peuvent pas demander de l'aide à leurs proches.

Psychothérapie

La psychothérapie a pour but d'aider les personnes souffrant de maladies mentales et, dans le meilleur des cas, de les guérir. En outre, les méthodes thérapeutiques aident à soulager les troubles physiques qui sont influencés par le psychisme. L'élément de base de la thérapie est toujours le dialogue entre le patient et son thérapeute, un expert qui connaît bien la maladie mentale et ses symptômes. La personne concernée et le thérapeute établissent une relation de confiance qui les aide à identifier la cause de la maladie et à commencer à la soulager. Ils travaillent souvent en collaboration avec des psychiatres qui, contrairement aux psychologues, sont des médecins et sont en mesure de traiter les troubles mentaux avec des médicaments et de soutenir ainsi la thérapie. Il existe différentes formes et différents types de psychothérapie.

Psychothérapie en milieu hospitalier et ambulatoire

En cas de psychothérapie en milieu hospitalier, les personnes concernées sont prises en charge jour et nuit et la thérapie est extrêmement intensive. Un séjour en institution peut durer quelques semaines ou plusieurs mois, voire des années. Il existe toutefois un risque que les patients retombent dans leurs anciens schémas dès qu'ils quittent l'établissement, car le quotidien les dépasse à nouveau. C'est pourquoi ils sont préparés à la vie à l'extérieur et à d'éventuelles rechutes pendant leur séjour dans le service.

La thérapie ambulatoire n'est certes pas aussi intensive, mais elle est pratique, car le patient peut appliquer directement ce qu'il a appris dans sa vie quotidienne et n'a pas besoin de recourir à une prise en charge hospitalière. Il existe aujourd'hui des cliniques de jour qui proposent une psychothérapie en semi-hospitalisation. Les personnes concernées passent la journée à l'hôpital et rentrent chez elles le soir.

Thérapie de groupe

Une thérapie de groupe peut avoir lieu en milieu hospitalier ou en ambulatoire. Le fait de savoir que d'autres personnes ont des problèmes psychiques identiques ou similaires et d'échanger entre elles est utile pour de nombreuses personnes, en particulier après des expériences traumatisantes ou en cas de dépendance. Contrairement à des clichés tenaces, il ne s'agit pas seulement d'évacuer ses soucis, mais aussi d'acquérir des connaissances sur soi-même et de s'exercer à l'interaction interpersonnelle. Cependant, tout le monde n'est pas à l'aise pour parler de ses problèmes en présence d'autres personnes.

Psychanalyse

Pour la plupart des gens, la première image qui vient à l'esprit lorsqu'ils pensent à une psychothérapie est probablement celle d'une chaise longue confortable, du tableau à pince du thérapeute et d'une conversation profonde sur l'enfance. Cette image correspond à l'idée que l'on se fait de la psychanalyse, une méthode de psychologie profonde qui examine effectivement les conflits (refoulés) de l'enfance. Cette méthode remonte au célèbre psychologue et médecin Sigmund Freud, qui fut le premier à tenter de résoudre les problèmes psychologiques en regardant et en ouvrant l'inconscient.

Thérapie comportementale

Le comportement adopte une approche différente. Elle part du principe que les comportements malsains sont appris et peuvent donc être "éliminés". Ce n'est évidemment pas aussi facile qu'il n'y paraît. Avec l'aide et les conseils de son thérapeute, le patient essaie de consolider de nouveaux schémas de pensée et de comportement, c'est-à-dire de s'approprier lui-même certaines procédures et règles qui seront suivies chaque fois qu'un mauvais épisode psychique se profile. Cet entraînement à la résolution de problèmes exige beaucoup de coopération, mais il permet d'atteindre l'objectif, surtout dans le cas de maladies psychiques qui ne sont pas totalement guérissables, car les patients apprennent à vivre sainement malgré leur maladie.

Aumônerie

Il n'est pas nécessaire d'avoir une maladie mentale diagnostiquée pour faire appel à une assistance spirituelle - tout le monde a des moments de doute, de déprime et d'incertitude. En Allemagne, le service d'assistance téléphonique existe depuis les années 1950 et permet à chacun d'appeler et de recevoir des conseils gratuitement et anonymement. De nombreux services d'assistance spirituelle sont également disponibles en ligne, 24 heures sur 24.

Apprenez-en plus sur les merveilles de notre psyché grâce à ces sources :

Collin, Catherina : *Le livre de psychologie*

Fromm, Erich : *Comprendre l'homme. Psychanalyse et éthique*

ministère de la santé.fr

netdoktor.de

planet-wissen.de/psychologie

gedankenwelt.de

PARTIE 10 : VOYAGES ET CUL-TURE

Afrique

Avec une superficie de plus de 30 millions de kilomètres carrés, l'Afrique est le deuxième plus grand continent du monde et abrite 55 pays. Outre le plus grand désert du monde, le Sahara, l'Afrique est traversée par le Nil, le plus long fleuve du monde. Sur le plan économique et politique, le continent est très divisé : à côté de pays prospères avec des métropoles riches comme l'Afrique du Sud, il y a beaucoup de pays pauvres, surtout en Afrique centrale. Il existe également des différences drastiques en termes de gouvernance. Elles vont de la démocratie pacifique à la dictature sanglante. Malgré tout, il y a quelque chose de spécial à découvrir dans chaque pays et la diversité culturelle des peuples africains n'a rien à envier à celle d'autres continents.

Les visiteurs de l'Afrique s'intéressent généralement aux nombreux parcs nationaux et à leur faune et flore uniques. Le plus populaire d'entre eux est sans doute le parc national Kruger, au nord-est de l'Afrique du Sud, que l'on peut traverser en voiture tout en admirant les magnifiques paysages. Cependant, il est alors interdit de sortir de la voiture ou de se pencher à l'extérieur car, outre les paisibles zèbres et girafes, il y a aussi quelques prédateurs comme les hyènes et les lions, ainsi que de grands éléphants, hippopotames et gnous qui peuvent être dangereux. Mais même en voiture, les touristes se retrouvent au cœur de la nature sauvage et découvrent la nature africaine de près. Si cela ne suffit pas, vous pouvez réserver une randonnée dans la brousse ou un safari nocturne avec des guides expérimentés.

Les pays africains les plus populaires sont l'Égypte et la Tunisie sur la Méditerranée, la Côte d'Ivoire et le Ghana sur la côte atlantique, la Tanzanie et Madagascar en Afrique de l'Est, ainsi que l'Afrique du Sud et le Zimbabwe à l'extrémité sud du continent.

Antarctique

L'Antarctique est le continent le moins exploré et le plus inhabité de la planète. Il existe de nombreuses stations de recherche scientifique, comme la station allemande Neumayer III ou la station britannique Rothera, mais l'Antarctique est une terra incognita, une terre inconnue. Il n'y a aucun endroit habité en permanence et un voyage au pôle Sud et dans ses environs est principalement destiné à des expéditions scientifiques. En effet, cette région glacée est l'une des ressources les plus précieuses du monde, puisque près de 70 % de l'eau potable disponible sur la Terre se trouve sur ce continent. C'est pourquoi l'utilisation et l'exploitation militaires des matières premières de l'Antarctique sont strictement interdites. Ce qui rend l'Antarctique si attrayant pour la recherche, c'est son climat rigoureux et son isolement, qui ne peut être comparé à presque aucun autre endroit dans le monde.

Il existe également d'autres phénomènes naturels sur le continent, tels qu'une immense chaîne de montagnes qui divise l'Antarctique en une région orientale et occidentale, deux volcans actifs et des chutes de météorites. Le soleil de minuit est également très impressionnant. Au sud du cercle polaire, il existe une période de plusieurs mois pendant laquelle le soleil ne se couche jamais et où il fait jour en permanence. L'Antarctique est un endroit fascinant à tous points de vue, et depuis les années 1960, il est possible de le visiter occasionnellement par bateau ou par avion.

Asie

Avec une superficie de plus de 44 millions de kilomètres carrés, l'Asie est la plus grande partie du monde et, avec une population de quatre milliards d'habitants, c'est également le continent le plus peuplé. L'Asie du Nord, qui comprend l'Asie Mineure, le Moyen-Orient et le Caucase du Sud, est délimitée à l'ouest par la mer Méditerranée et la mer Rouge, au nord par les montagnes du Caucase et la mer Noire, à l'est par les montagnes iraniennes et au sud par l'océan Indien. Au Proche-Orient, l'Arménie est une destination de plus en plus prisée grâce à ses nombreux monastères séculaires situés sur des hauteurs à couper le souffle et à la ville d'Erevan, l'une des plus anciennes villes du monde. Tout aussi historique et attrayante, la Géorgie séduit par ses nombreuses régions de randonnée et d'alpinisme ainsi que par sa viticulture traditionnelle.

L'Asie centrale comprend le Kazakhstan, le Kirghizstan, l'Ouzbékistan, le Tadjikistan et le Turkménistan, qui sont encore relativement peu développés sur le plan touristique. Pourtant, tous ces pays ont beaucoup à offrir, notamment en raison de la légendaire Route de la Soie qui les relie et par laquelle, depuis des siècles, les religions et les coutumes ont été échangées en plus des marchandises commerciales. Le paysage de l'Asie centrale est un mélange de montagnes, de steppes, de lacs, de déserts et d'oasis, ces dernières étant souvent cachées, tandis que le Kazakhstan abrite également de nombreuses villes modernes.

La plupart des gens associent probablement l'Asie à des pays d'Asie de l'Est comme le Japon, la Chine, la Corée du Nord et du Sud ou Taïwan. À l'exception de la Corée du Nord, qui est très isolée, ces pays sont des destinations de vacances très populaires, car ils offrent une culture riche et ancienne, des steppes et des montagnes isolées, ainsi que des métropoles ultramodernes comme Shanghai, Séoul ou Tokyo, qui regorgent de néons et de gratte-ciel. Les visiteurs européens s'orientent facilement dans ces villes immenses, mais dans les zones rurales, ils peuvent parfois avoir des difficultés à se faire comprendre, car peu d'Asiatiques de l'Est parlent anglais et les panneaux ne sont pas tous complétés par des caractères latins.

Les pays d'Asie du Sud-Est tels que l'Indonésie, le Cambodge, le Laos, les Philippines, le Viêt Nam, la Thaïlande, Singapour ou la Malaisie sont sans doute encore plus populaires, car ils sont situés au bord de deux océans et conviennent parfaitement aux amateurs de plongée et de vacances à la plage. L'Asie du Sud-Est bénéficie d'un climat idéal tout au long de l'année et le tourisme du sous-continent est axé sur la détente et le luxe tropical. En dehors de cela, de nombreux sites culturels, tels que Luang Pranbang au Laos ou Sukhothai dans le nord de la Thaïlande, témoignent des civilisations passées avec leurs temples et leurs parcs archéologiques.

Enfin, l'Asie du Sud se prête également aux voyages organisés, aux voyages individuels et aux voyages culturels. L'Inde, le royaume du Bhoutan, le Bangladesh, les Maldives, le Sri Lanka et le Népal, en particulier, offrent une grande diversité culturelle et de paysages. Des sites tels que le Taj Mahal à Agra en Inde ou l'ancienne forteresse rocheuse de Sigiriya au Sri Lanka sont de véritables attractions touristiques, mais des destinations moins connues comme le Bouddha Win Sein Taw Ya au Myanmar, le plus grand Bouddha couché du monde, ou le parc national de Khao Sok en Thaïlande valent également le détour. L'Asie est considérée à juste titre comme l'un des continents les plus accueillants pour les touristes et les plus diversifiés au monde.

Australie

Le continent australien se trouve dans l'hémisphère sud et comprend, outre l'Australie et l'Océanie, l'île de Tasmanie et un certain nombre d'autres petites îles du Pacifique. Ce qui rend l'Australie si particulière, c'est la diversité des phénomènes naturels, des climats, des paysages, de la faune et de la flore. Les six États (Australie occidentale, Territoire du Nord, Australie du Sud, Queensland, Nouvelle-Galles du Sud, Victoria) et les deux territoires (Tasmanie et Territoire de la capitale australienne) sont composés de déserts, de côtes ensoleillées, de forêts tropicales et de montagnes.

Outre les grandes métropoles que sont Sydney, Perth, Melbourne et la capitale australienne Canberra, la Grande Barrière de Corail est une destination unique et très prisée. Située à la pointe nord du Queensland, cette barrière de corail de 2 500 km de long est inscrite au patrimoine mondial de l'UNESCO depuis 1981. En faisant du snorkeling, des excursions en bateau ou en observant les baleines dans la Grande Barrière de corail, vous serez témoin de la diversité de la vie sous-marine australienne. Depuis des années, le récif souffre du réchauffement climatique et de la pollution, c'est pourquoi il faut veiller à ne pas contribuer à la destruction de cette nature fragile.

En dehors de cela, l'Australie compte plus de 500 parcs nationaux, et environ 12 % de la superficie totale du pays est protégée. Le parc national de Broadwater, avec ses anciennes dunes de sable et le grès brun de Coffee Rock, le parc national de Washpool, également situé en Nouvelle-Galles du Sud, avec son impressionnante forêt tropicale, et le parc national de Nambung, au nord de Perth, avec plus de 7 000 espèces de fleurs différentes et des colonnes de calcaire pouvant atteindre 4 mètres de haut, sont particulièrement beaux.

En général, l'Australie est une destination très sûre, qui peut offrir à la fois confort et aventure, et qui est culturellement très attrayante. Il faut cependant faire attention à certaines zones protégées pour les aborigènes, qui ne doivent pas être dérangés, ainsi qu'aux animaux venimeux et dangereux tels que les serpents, les araignées, les méduses, les crocodiles ou les scorpions, qui sont présents sur presque tout le continent. Il ne faut pas non plus sous-estimer le fait que les saisons dans l'hémisphère sud sont exactement inversées par rapport à l'Europe et que les variations de température sont particulièrement importantes au printemps.

Europe
Les frontières géographiques de l'Europe ne sont pas strictement définies à l'est et au sud-est, mais le continent reste, avec environ 10 millions de kilomètres carrés, le deuxième plus petit de la planète après l'Australie. Considérée comme le berceau de la culture,

l'Europe est depuis des siècles une destination de choix pour quiconque souhaite découvrir de nombreuses cultures et traditions différentes sur une surface relativement petite. En Europe occidentale, les destinations les plus populaires sont la France, connue pour ses spécialités culinaires, son vin, son art et sa mode, le Royaume-Uni et l'Irlande, avec leurs villes ultramodernes et leurs étendues verdoyantes, et les Pays-Bas, qui attirent particulièrement les amateurs de sports nautiques et de cyclisme. Mais le petit Luxembourg, avec sa vallée des sept châteaux et plusieurs villes historiques, vaut également le détour.

En Europe centrale, outre les pays germanophones que sont l'Allemagne, la Suisse, l'Autriche et le Liechtenstein, la Pologne, la Slovénie et la Slovaquie sont des destinations idéales pour des voyages culturels ou sportifs. La Hongrie est également de plus en plus populaire, en particulier sa capitale Budapest qui, malgré son architecture ancienne, dégage une atmosphère cosmopolite et attire de nombreux fêtards. Les pays du nord de l'Europe, la Suède, le Danemark, la Norvège, l'Islande et la Finlande, attirent chaque année de nombreux amoureux de la nature. Ce n'est pas étonnant, car les lacs isolés, les panoramas de montagne, les forêts sans fin, les rivières sauvages, les glaciers et les vastes steppes se trouvent presque partout en Europe du Nord.

Les paysages de l'Europe de l'Est sont tout aussi pittoresques, en particulier ceux de la Biélorussie, de la Russie et de l'Ukraine. Dans cette partie de l'Europe, outre les pôles touristiques comme Moscou ou Saint-Pétersbourg, il existe de nombreux petits villages et villes au cœur d'une nature magnifique qui semblent à peine découverts.

On en trouve aussi quelques-unes dans le sud de l'Europe, mais l'affluence touristique y est plus forte que dans toute autre région d'Europe. L'Italie, Malte, Saint-Marin, Monaco, le Portugal et l'Espagne sont depuis des décennies les destinations privilégiées des vacanciers qui recherchent un soleil éclatant, de belles plages et de bons restaurants. L'Italie, en particulier, est toujours très fréquentée, non seulement pour ses lieux de fête et ses grandes plages, mais aussi pour ses nombreuses galeries et ses bâtiments historiques. Il en va de même pour certains pays du sud-est de l'Europe, comme la Grèce, la Croatie, la Roumanie, la Bulgarie et Chypre. La Bosnie-Herzégovine et le Monténégro font également partie de l'Europe du Sud-Est - des pays qui abritent de très belles villes historiques comme Jacje ou Trebinje et des plages propres. Pas trop éloigné de l'Allemagne, tout le continent européen offre à chacun la destination qui lui convient.

Amérique du Nord

Avec une superficie de près de 25 millions de kilomètres carrés, l'Amérique du Nord est le troisième plus grand continent de la planète et englobe le Canada, les États-Unis, le Mexique, l'Amérique centrale, le Groenland et plusieurs îles des Caraïbes. De nombreux visiteurs d'Amérique du Nord optent pour des circuits qui leur permettent de découvrir à la fois les grandes villes et la nature sauvage.

Parmi les villes les plus excitantes d'Amérique du Nord, on trouve des mégapoles comme New York, Miami, Los Angeles, Las Vegas, Mexico, San Francisco ou Toronto, connues entre autres pour leurs quartiers branchés passionnants, leurs galeries d'art et leur nombre élevé de résidents célèbres. Dans le Sunshine State de Floride ou en Californie, vous trouverez également des plages reposantes et une multitude de bars branchés.

Si vous n'avez pas envie de visiter des villes, vous pouvez profiter de la nature nord-américaine. Les États-Unis et le Canada, en particulier, abritent certains des plus grands et des plus anciens parcs nationaux. Les principales destinations sont les parcs nationaux de Yosemite et du Grand Canyon, dans l'ouest des États-Unis, qui se caractérisent par des séquoias géants anciens, des montagnes de granit, des rapides et de longues gorges, et une nature sauvage et intacte. Au Canada, les parcs nationaux de Banff et de Jasper sont très appréciés, avec leurs forêts profondes et leurs rivières turquoise et limpides, propices à l'aventure et aux belles photos. Les chutes du Niagara, entre le lac Ontario et le lac Érié, près de Toronto, ainsi que les paysages montagneux des Rocheuses, avec leurs pics enneigés et leurs forêts denses, sont d'autres spectacles naturels importants.

À la fin de l'automne, il peut être intéressant de faire un détour par la côte est, où le spectacle de l'été indien est particulièrement fort. Pendant l'été indien, il fait très chaud en Amérique du Nord, le ciel est d'un bleu éclatant et les feuilles des forêts de feuillus et des forêts mixtes prennent une couleur rouge et orange intense. Cela vaut donc la peine non seulement de visiter les points chauds d'Amérique du Nord, souvent montrés au cinéma et à la télévision, mais aussi de partir (en plus) pour une petite aventure dans la nature sauvage.

Amérique du Sud

La masse terrestre méridionale du double continent a-
méricain s'étend sur plus de 17 millions de kilomètres
carrés et attire aussi bien les grandes villes que les paysages pittoresques. La destination la plus populaire
d'Amérique du Sud est sans doute le Brésil. Co-
pacabana, la forêt amazonienne et le carnaval coloré de
Rio attirent chaque année des millions de touristes
dans le pays et ses environs. Rio, Brasiliana et Salvador,
en particulier, sont considérés comme des attractions
touristiques grâce à leurs beaux quartiers historiques
et à l'influence de la culture afro-brésilienne, mais aussi
grâce à leur vie nocturne et à leur scène festive animée.

En outre, le nord et le centre des Andes, l'une des
plus longues chaînes de montagnes du monde, méri-
tent une visite. Les paysages andins sont incroyablement variés, avec de vastes plaines, des forêts profondes et des lacs, ainsi que des déserts et des volcans. Les
vestiges d'anciennes civilisations, notamment au
Pérou, sont également impressionnants. Les sites archéologiques, en particulier le site sacré des Incas au
Machu Pucchu, sont encore bien conservés aujourd'hui
et leur visite est, dans le meilleur des cas, la récom-
pense d'une longue randonnée le long de sentiers millénaires.

La destination urbaine la plus populaire d'Amérique du Sud est, avec Rio de Janeiro, la capitale de l'Argentine, Buenos Aires. Cette métropole ultramoderne abrite des bâtiments impressionnants, des hôtels de luxe, des quartiers branchés et une société internationale où de nombreuses cultures s'affrontent. De nombreux designers et cinéastes s'inspirent de la veine créative de la ville et de l'atmosphère décontractée de Buenos Aires, les accros du shopping y trouvent également leur compte. Certains quartiers sont imprégnés de culture européenne, car la ville a longtemps été le premier point de chute des immigrants européens. Dans les régions voisines, on dit de nombreux habitants qu'ils sont toujours à la recherche de leur identité. Le fait qu'il y ait plus de psychothérapeutes à Buenos Aires que dans n'importe quelle autre ville du monde va dans ce sens. Pour beaucoup, les innombrables cafés que l'on trouve à chaque coin de rue sont également thérapeutiques. Pour ceux qui recherchent des grandes villes créatives et/ou des paysages historiques variés, l'Amérique du Sud est une destination idéale.

La fièvre du voyage vous a saisi ? Apprenez-en davantage sur la diversité de notre planète grâce à ces
sources :
Luiser, Fabienne & Benoit : *Destination Tour du
monde*
wikivoyage.org
planet-wissen.de/buenosaires
urlaubstracker.deurlaubspiraten.de
reiseblogonline.de
geo.de/voyage

Mot de la fin

Avec les connaissances générales que vous avez acquises grâce à ce guide, vous disposez déjà d'une grande quantité de connaissances dans plusieurs domaines. Mais n'oubliez pas qu'il n'y a jamais trop de connaissances. J'espère que ce livre ne vous a pas seulement aidé à vous instruire, mais qu'il vous a aussi donné envie d'en savoir plus sur certains sujets et de faire des recherches de votre côté. Comme nous l'avons dit au début, l'acquisition de connaissances mène toujours à une meilleure compréhension.

Partagez des faits intéressants avec d'autres personnes et approfondissez vos connaissances grâce à des discussions stimulantes. C'est à vous d'appliquer

vos connaissances générales et de les utiliser dans différents contextes.

Solutions

Vous trouverez ici les solutions du test de culture générale.

1. Berlin
2. 1990
3. Johann Wolfgang von Goethe
4. La peau
5. 16
6. 7
7. 1969
8. Mammifères
9. Léonard de Vinci

10. Charles Darwin

11. Oslo

12. Économie sociale de marché

13. Guépard

14. 1999 comme monnaie scripturale, 2002 comme
    monnaie fiduciaire

15. Deux

16. Spoutnik 1

17. Cinq anneaux connectés

18. 1914 à 1918

19. Johannes Gutenberg

20. Londres

21. 1492

22. Bleu

23. Canberra

24. 4 fois - 1954, 1974, 1990, 2014

25. Ludwig Erhard

26. Juin 2007

27. Ernest Hemingway

28. 206

29. Sismographe

30. George Lucas

31. Bakou

32. Georges Bizet

33. 8

34. Sean Connery

35. Carbone

36. Hydrogène

37. 4.809 m

38. 88

39. Rouge

40. George Orwell

41. Lillehammer, Norvège

42. 23

43. 21 196 km

44. Willy Brandt

45. Frédéric II, roi de Prusse

46. 90 minutes

47. 4.180 km

48. 29

49. 11

50. ISIN

Martin Grapengeter 2021

1ère édition

Contact : Psiana eCom UG/ Berumer Str. 44/ 26844 Jemgum

Conception de la couverture : Fenna Larsson

Photo de couverture : depositphotos.com

www.ingramcontent.com/pod-product-compliance
Lightning Source LLC
Chambersburg PA
CBHW061424150726
47987CB00001B/89